창의융합 교과 연계
퍼즐탐정 썰렁홈즈 1 외계인 스콜피오스의 음모

발행일 2024년 12월 30일

글쓴이 김원섭(동아사이언스)
그린이 김석
펴낸이 이경민

펴낸곳 ㈜동아엠앤비
출판등록 2014년 3월 28일(제25100-2014-000025호)
주소 (03737) 서울특별시 마포구 월드컵북로22길 21, 2층
전화 (편집) 02-392-6901 (마케팅) 02-392-6900
팩스 02-392-6902
전자우편 damnb0401@naver.com
SNS

ISBN 979-11-6363-908-4(74410)
       979-11-6363-907-7(세트)

1. 책 가격은 뒤표지에 있습니다.
2. 잘못된 책은 구입한 곳에서 바꿔 드립니다.

도서출판 뭉치는 ㈜동아엠앤비의 어린이 출판 브랜드로, 아이들의 지식을 단단하게 만들어 주고, 아이들의 창의력과 사고력을 키워 주어 우리 자녀들이 융합형 사고뭉치와 창의뭉치로 성장할 수 있도록 좋은 책을 만들겠습니다.

작가의 글

'퍼즐'이라는 단어를 인터넷에 검색해 보면 '어려운 문제, 또는 생각하게 하는 문제'라고 나옵니다. 호기심 동물인 우리 인간은 이런 작고 큰 '문제'를 풀면서 한 단계씩 뇌를 진화시켜 왔습니다. 그런 의미로 퍼즐은 우리 인간과 떼려야 뗄 수 없는 관계로 항상 존재해 왔다고 해도 틀린 말은 아닐 것입니다. 퍼즐탐정인 썰렁홈즈는 그런 우리 인간을 대표하는 가상의 캐릭터입니다. 조금은 어수룩해 보이는 썰렁홈즈를 돕기 위해서 책에 나와 있는 18개 사건을 함께 해결하다 보면 우리의 뇌도 조금씩 진화합니다.

'퍼즐탐정 썰렁홈즈'에는 72개 문제가 들어 있습니다. 서로 다르거나 같은 그림을 찾아내는 관찰력 문제에서부터 주의력이 필요한 미로 문제가 있으며, 도형이나 수열, 방정식과 같은 수학 문제도 들어 있습니다. 수학뿐만 아니라 때로는 교과 과정에 수록된 과학 상식이 필요할 때도 있으며, 과학적 지식이 필요한 낱말을 알아야 풀 수 있는 퍼즐도 있습니다. 썰렁홈즈가 사건을 하나하나 해결할 때마다 여러분들의 머릿속에도 창의력과 추리력, 과학 상식이 차곡차곡 쌓이기를 기대합니다.

'퍼즐탐정 썰렁홈즈'의 또 다른 매력은 엉뚱한 사건의 진행과 허무한 반전 그리고 독특한 캐릭터 이름에 있습니다. 스팸문자의 달인 '머완는지 궁구마니', 괴짜 천문대장 '저벼리 빈나리', 거울나라의 공주 '반대루 댈레나', 국립도서관 사서 '다바쓰믄 돌리도' 등 그 이름만 들어도 알 수 있는 재미있는 캐릭터들이 등장합니다.

독특한 이름의 캐릭터와 함께하는 썰렁한 사건 해결을 통해 두뇌 계발의 묘미와 재미에 푹 빠져 보시기 바랍니다.

김원섭

추천의 글

　사람들은 동물들과는 달리 말과 글을 만들어 내었습니다. 말과 글을 이용하여 사람들은 혼자서는 알아내기 어려운 많은 것들을 다른 사람들로부터 배웁니다. 그런 것이 쌓여서 우리는 문명과 문화를 가지게 된 것입니다. 그러나 말과 글의 일부가 어떤 이유로 가려지거나 변해 버리면 이 모든 것이 퍼즐로 변해 버립니다. 어른들은 10대들이 쓰는 말을 이해하지 못하고, 10대들은 어른들이 쓰는 단어를 알지 못합니다. 그런데 어떤 사람들은 들어 보지 못했던 말이 어떤 의미인지 알아내는 사람이 있습니다. 퍼즐을 풀어내는 사람은 사람들 사이의 오해와 불신을 풀어내는 일을 할 수 있습니다. 숨겨진 뜻을 알아내고 다른 사람들이 이해할 수 있도록 설명해 줍니다. 그래서 사람들이 '아하'라고 하며 무릎을 치도록 합니다.

　퍼즐의 재미는 숨겨져 있는 뜻을 발견하는 데 있습니다. '퍼즐탐정 썰렁홈즈'는 글과 그림 속에 감춰진 뜻을 찾아내라고 던지는 문제들과, 그 안에 숨겨진 이야기들을 설명하고 보여 주는 해설로 이루어져 있습니다. 생각해 보고 답을 읽으며 새로운 이야기를 배우는 과정을 반복하게 됩니다. 그러는 가운데 우리 어린이들은 많은 이야기들을 흥미 있게 읽게 됩니다. 동시에 감추어진 의미를 찾아보는 지적 모험을 하게 됩니다. 많은 이야기를 알게 됨으로써 좀 더 퍼즐을 잘 풀어 낼 수 있게 됩니다. 그리고 흥미와 자신감을 얻어 나가게 되고 흥미로운 퍼즐은 좋은 대화의 소재가 됩니다. 지혜를 뽐내기도 하고 다른 사람의 지혜를 배우기도 합니다. 세상은 퍼즐로 가득 차 있습니다. '퍼즐탐정 썰렁홈즈'에 들어 있는 이야기들은 우리를 신나는 퍼즐의 세계로 안내해 줄 것입니다.

지형범(전 멘사코리아 회장)

셜록홈즈는 누구인가

사실 사건은 이렇게 시작되었다. 1887년 영국, 희뿌연 안개가 자욱한 어느 날. 복잡하고 미묘한 살인 사건의 해결을 담당한 명탐정 셜록 홈즈가 현장 검증을 하고 있었다. 언제나 그의 옆을 지키고 있던 왓슨과 함께……. 하지만 그 뒤로 아무도 알지 못하는 또 다른 인물이 있었으니 그의 이름은 '설문수', 그는 셜록 홈즈의 사건을 꼼꼼히 적어서 사건 일지를 만들고 있는 조선의 과학 수사관이었다.

그가 남긴 기록은 이루 말할 수 없었다. 왜냐고? 사실 셜록 홈즈의 모든 사건을 꼼꼼히 관찰하여 기록한 사건 일지를 송두리째 잃어버렸기 때문이다. 3년이라는 시간을 허비하고 허무하게 조선 땅으로 돌아온 설문수는 원인 모를 병으로 시름시름 앓다가 한 마디 유언을 남긴 채 세상을 떠나게 된다.

'내가 잃어버린 것을 찾아 다오.'

그 유언을 이어받고 태어난 그의 아들의 아들의 아들이 있었으니 그의 이름이 바로 '설혼주' 그는 증조할아버지의 유언에 따라 잃어버린 것을 다시 찾기로 했다. 그러기 위해서 가장 활동하기 편한 직업을 선택했다. 그것은 바로 '탐정'이었다.

설혼주는 먼저 세계적인 탐정으로 인정받기 위해 이탈리아에서 열리는 국제 탐정 심포지엄에 참석했다. 그런데 이게 웬일? 그 많은 탐정들이 모인 곳에서 도난 사고가 일어났다. 잃어버린 것은 중국의 탐정 '모찬닝'이 아끼는 강아지 '싸똥'이었다. 세계 유명 탐정들도 당황하고 있는 이때, 등장한 인물이 있었으니 바로 우리의 탐정 '설혼주'였다.

"참, 우습군. 이렇게 많은 탐정들 중에서 범인을 찾아내지 못하다니, 내가 간단히 해결하지. 범인은 바로 이 음식을 만든 주방장 '만둥찐당'이오! 아까 잠시 나갔다가 주방으로 들어가는 것을 보았는데, 그의 왼쪽 세 번째 손가락 손톱 끝에 잃어버린 강아지의 털이 있고 그의 오른쪽 콧구멍 아래에도 역시 강아지의 털이 한 개 있었소이다. 게다가 왼쪽 발 두 번째 발가락 사이에도……."

세심하고 놀라운 관찰력에 참석한 모든 탐정들이 입을 쩍 벌렸고 기자들이 몰려들었다. 그리고 사건을 해결한 설혼주는 이탈리아의 유명한 탐정 신문인 '다해겨래'에 대서특필되었다.

'코레아의 위대한 탐정이 사건 해결!'
'그의 이름은 설렁혼즈(설혼주)'

세계적인 탐정인 설렁혼즈가 탄생하는 순간이었다. 그의 이름은 순식간에 세계로 퍼지게 되었다. **설혼즈, 설렁혼즈, 썰렁혼즈, 썰렁홈즈……**.

그리하여 이 책의 주인공인 썰렁홈즈가 탄생하게 되었다.

잠깐! 그런데 한 가지 여러분들만 알고 넘어갈 일이 있다.

사실 애완견 '싸똥'의 사건은 고등학교 동창인 '만둥찐당'과 썰렁홈즈가 만들어 낸 연극이었다는 사실. 그건 그렇고 증조할아버지의 유언은 언제 해결하남?

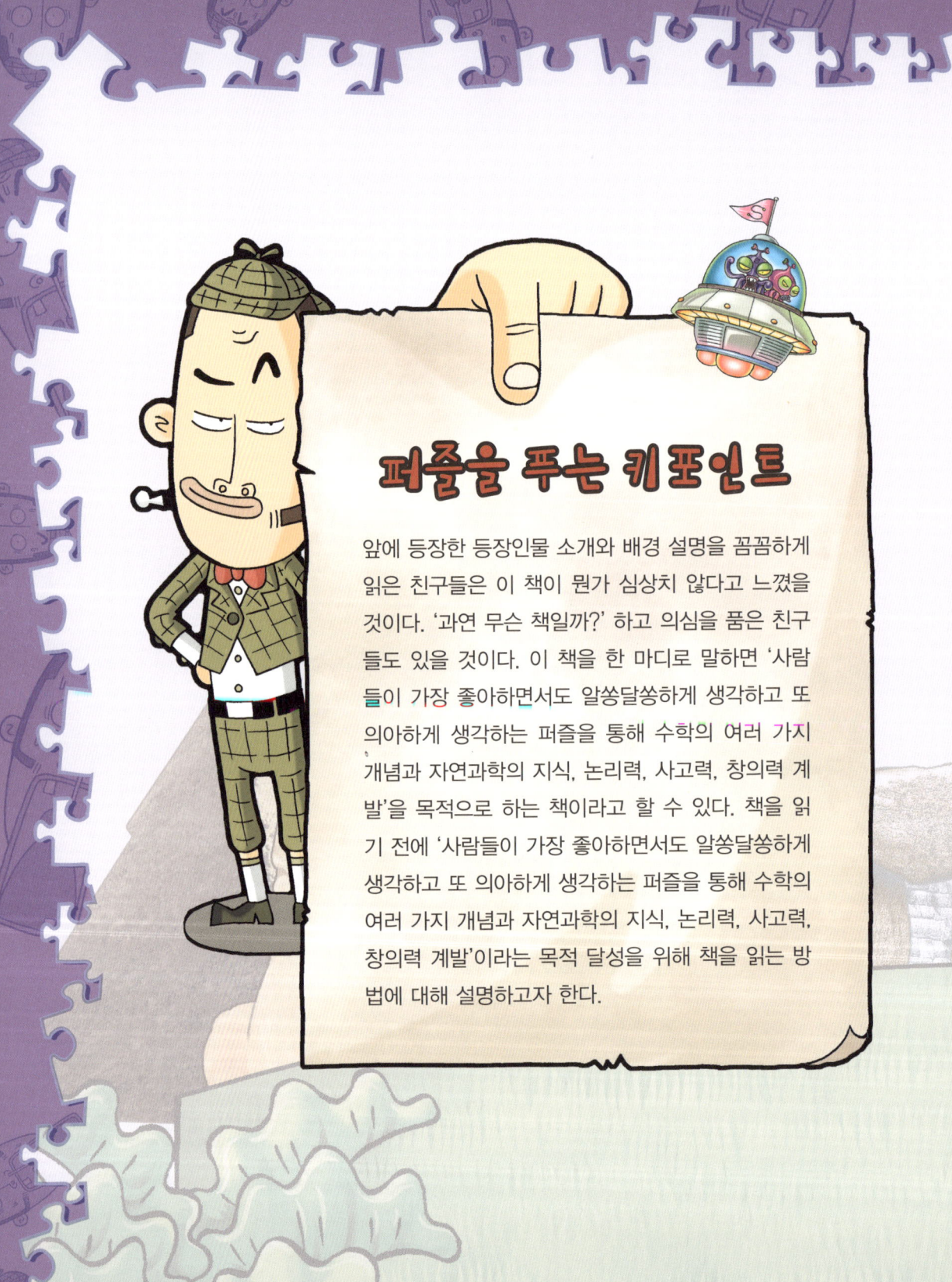

퍼즐을 푸는 키포인트

앞에 등장한 등장인물 소개와 배경 설명을 꼼꼼하게 읽은 친구들은 이 책이 뭔가 심상치 않다고 느꼈을 것이다. '과연 무슨 책일까?' 하고 의심을 품은 친구들도 있을 것이다. 이 책을 한 마디로 말하면 '사람들이 가장 좋아하면서도 알쏭달쏭하게 생각하고 또 의아하게 생각하는 퍼즐을 통해 수학의 여러 가지 개념과 자연과학의 지식, 논리력, 사고력, 창의력 계발'을 목적으로 하는 책이라고 할 수 있다. 책을 읽기 전에 '사람들이 가장 좋아하면서도 알쏭달쏭하게 생각하고 또 의아하게 생각하는 퍼즐을 통해 수학의 여러 가지 개념과 자연과학의 지식, 논리력, 사고력, 창의력 계발'이라는 목적 달성을 위해 책을 읽는 방법에 대해 설명하고자 한다.

1. 18개의 사건, 72개의 문제

『퍼즐탐정 썰렁홈즈』에서는 18개의 사건과 72개의 문제가 나온다. 각각의 문제는 논리 사고력 문제, 도형 문제, 수 개념 문제, 미로 찾기, 틀린 그림 찾기, 자연과학 상식 등 다양하게 구성되어 있다. 문제는 물론 썰렁홈즈가 해결하지만 독자인 여러분도 함께 해결해 주어야 한다. 각각의 문제에 도전하여 풀면서 자신의 인내와 논리 사고력을 충분히 시험할 수 있는 계기가 될 것이다.

2. 세계적인 작명가 '머이리 이르미그래'의 활약?!

『퍼즐탐정 썰렁홈즈』의 가장 큰 특징은 재미있는 등장인물의 이름이다. 중국 최고의 만두 요리사 '만둥찐당', 그림자 마왕, '니가머래도 다비쳐', 동굴 탐험가 '어둥글차자스키', 비행기 테러리스트 '뱅기문 다자바'처럼 각각의 성격을 잘 나타내는 이름의 등장인물들은 책의 재미를 더해 준다. 이 사람들은 모두 상상 속의 인물이며 국어의 문법과는 아무런 상관이 없음을 밝혀 둔다. 대신 그 외의 띄어쓰기나 문법은 교과서와 한글 맞춤법 통일안의 띄어쓰기에 기초하고 있다.

3. 퍼즐탐정을 만들어 낸 독특한 일러스트

『퍼즐탐정 썰렁홈즈』의 구성은 다른 퍼즐 책들과는 달리 각각의 이야기가 하나의 사건으로 구성되어 있다. 각 사건을 이끌어 나가는 주인공은 역시 썰렁홈즈! 이 썰렁홈즈에게 주어지는 문제는 일러스트레이터 김석 작가의 독특한 일러스트로 표현되어 있다. 문제에 따라 세심한 관찰력을 요구하기도 하고, 때로는 복잡한 미로를 통과하거나 색깔의 마술에 걸릴지도 모른다. 각 문제의 일러스트는 이야기를 이끌어 나가는 상황을 보여 주기도 하고 과학의 원리를 설명하거나 지식을 전달하는 매개체가 되기도 한다. 퍼즐 푸는 데에만 중점을 두지 말고 일러스트의 표현과 그 속에 담긴 위트까지 읽으면 재미 만점! 효과 만점!

4. 읽고, 보고, 또 공부하자!

18개의 사건으로 구성된 『퍼즐탐정 썰렁홈즈』는 사건 자체가 각각 별도로 구성되어 있다. 처음부터 끝까지 소설책을 읽듯 읽어 나갈 필요가 없다. 각 문제에서 자신이 원하는 사건을 확인해 가면서 18개의 사건을 모두 해결하면 자신도 모르게 논리력과 창의력이 부쩍 늘어나 있음을 확인할 수 있을 것이다.

차례

작가의 글 • 4
추천의 글 • 5
썰렁홈즈는 누구인가 • 6
퍼즐을 푸는 키포인트 • 8

사건1　중국 최고의 만두 요리사 '만둥찐당' • 14
사건2　'그리믄 다모아스키'의 도둑맞은 그림 • 20
사건3　도나카와 안스네가 남긴 유산 • 25
사건4　썰렁홈즈의 괴상망측 마술 • 31
사건5　외계인 스콜피오스의 음모 • 36
사건6　산타마을의 루돌프 콘테스트 • 41
사건7　잃어버린… 아무도모르계를 찾아서 • 46
사건8　돌아온 외계인 스콜피오스, 지구를 지켜라! • 51
사건9　비행기 테러리스트 '뱅기믄 다자바' • 57

사건10 동물 탐험가 어둥굴차자스키의 실종 • *63*

사건11 그림자 마왕 '네가머래도 다비처' • *69*

사건12 검은 조직 '까마케롬 다만드러'의 음모 • *76*

사건13 사하라 사막 지킴이 '모래아리 까끄르' • *81*

사건14 아인슈타인 뇌에 담긴 비밀 • *89*

사건15 실종된 사진가 마구마구 치코토치코 • *95*

사건16 안 싸우면 못 사는 나라, 싸울랜드 • *103*

사건17 '지페로 코푸러스키'의 부자 되는 비결 • *111*

사건18 골탕 먹는 '꿈자리 네이션'에서의 모험 • *117*

정답 및 해설 • *122*

사건 1

중국인 요리사 '마시업떵'은 오늘도 손님들에게 구박을 받았다. 이유는 한 가지. 그가 만든 음식은 정말 맛이 없기 때문이다. 그러던 어느 날 마시업떵의 마음을 사로잡는 신문 기사가 났다. 만두 요리의 대가인 '만둥찐당'이 자신의 비법을 전수할 제자를 뽑는다는 것이었다.

하지만 제자가 되기 위해서는 만둥찐당이 내는 문제를 풀어야 한다. 문제를 풀 자신이 없던 마시업떵은 퍼즐탐정 썰렁홈즈에게 연락했다. 중국 최고의 요리사 만둥찐당이 낸 문제는 무엇일까? 여러분도 썰렁홈즈와 함께 요리사 마시업떵을 도와주는 것은 어떨까?

최고의 요리 비법 1
속 터진 만두에 뭐가 빠진 거야?

만둥찐당의 첫 번째 요리 비법은 역시 만두에 관한 문제였다. 만두의 맛은 만두소 맛! 만둥찐당은 자신이 만든 만두를 보여 주며 그 속에 들어 있는 재료를 알아내는 문제를 냈다.

"그럼 첫 번째 문제를 내겠다 해. 여기 옆구리 터진 만두가 있다 해~. 이 만두에 사용하지 않은 재료가 무엇인지 맞혀 보라 해~. 우리 사람 만두 정말 좋아한다 해~."

첫 번째 문제는 비교적 쉬운 문제였다. 관찰력이 뛰어난 여러분들이라면 첫 번째 문제를 쉽게 풀 수 있지 않을까? 헉! 그런데 만둥찐당이 만든 만두는 엽기적인걸!

최고의 요리 비법 2
저울은 단 한 번만 사용하라고

"다음은 만두의 무게에 대한 문제를 내겠다 해. 최고의 요리사라면 자기가 만드는 음식의 무게도 알고 있어야 한다 해~! 다음 중에서 무게가 적게 나가는 만두를 찾아보라 해."

만둥찐당은 같은 크기의 만두를 스물다섯 개 만들었다. 그중에서 스무 개의 만두는 한 개에 5g이 나가도록 만들었고, 나머지 다섯 개의 만두는 4g이 나가도록 만들었다. 그리고 5g짜리 만두를 다섯 개씩 한 접시에 담아 네 개의 접시를 만들고, 나머지 4g짜리 만두 다섯 개를 한 접시에 담았다. 만두의 크기는 모두 같기 때문에 겉으로 보아서는 어떤 만두가 4g짜리 만두인지 구별할 수 없다.

여기에서 문제! 저울에 무게를 단 한 번만 재서 4g짜리 만두가 담긴 접시를 찾아보자. 단 저울에는 한 번에 열다섯 개의 만두까지 무게를 잴 수 있다.

최고의 요리 비법 3
100원은 어디로 갔나?

"요리사는 요리만 잘하는 게 아니라 계산도 잘해야 한다 해. 다음의 경우를 잘 생각해 보고 사라진 돈을 찾아보라 해~!"

어느 날 세 사람이 만두를 먹으러 왔다. 만두 한 접시의 가격은 3,000원. 그래서 각자 1,000원씩 냈다. 친절한 주인은 단골손님인 세 사람에게 500원을 깎아 주라고 했다. 하지만 못된 종업원은 200원을 자기 주머니에 넣고, 300원만 돌려 주었다. 세 사람은 각자 100원을 돌려받아 결국 한 사람이 900원을 내서 만두를 먹은 것이다. 꼬리가 길면 잡히는 법! 종업원은 주인에게 들켜서 자기 주머니에 넣은 200원을 돌려 주기로 했다. 그런데 문제가 생겼다. 세 사람은 각각 900원을 내서 2,700원으로 만두를 먹었고, 종업원의 주머니에는 200원밖에 없었다. 합하면 2,900원. 그럼 처음에 낸 3,000원에서 100원은 어디로 갔을까?

최고의 요리 비법 4
1%의 행운, 당신은?

"하하하! 문제를 잘 풀고 있다 해. 최고 요리사는 99%의 노력도 중요하지만 1%의 행운도 중요하다 해~! 그럼 얼마나 행운이 따를지 알아보자 해. 여기에 사다리형 퍼즐이 있다 해. 다음 중 한 개의 문을 선택해서 길을 따라가 보라 해. 만약 제자 임명장이 있는 곳에 도착하면 당신을 내 제자로 삼겠다 해! 하지만 기회는 단 한 번뿐이라 해~!"

만둥찐당의 마지막 문제는 사다리형 퍼즐이었다. 다음에 있는 여섯 개의 문 중에서 임명장이 있는 곳으로 향하는 문은 어떤 문일까? 여러분들도 직접 해 보도록 하자.

"답은 절대 미리 보지 말라 해!"

'그리믄 다모아스키'의 도둑맞은 그림

　사건이 있는 곳에는 언제나 썰렁홈즈가 있다! 지난 만둥찐당의 최고의 요리 비법 사건으로 썰렁홈즈는 어느새 탐정계의 스타가 되어 있었다. 그러던 어느 날 썰렁홈즈에게 사건 의뢰가 들어왔다.
　2015년 3월 2일. 러시아의 유명한 그림 수집가인 '그리믄 다모아스키'의 집에 도둑이 들어와 세계에서 단 하나밖에 없는 그림을 훔쳐 달아났다는 것이다. 의뢰를 받은 썰렁홈즈는 즉시 비행기를 타고 러시아로 날아갔다. 그리믄 다모아스키의 집으로 찾아간 썰렁홈즈는 집을 수색하기 시작했고, 증거가 될 만한 것들을 하나씩 수집했다. 홈즈가 찾아낸 단서는 도둑이 담을 넘으면서 남긴 발자국, 문을 열면서 남긴 지문, 목격자가 말한 도둑의

뒷모습, 그림 앞에 떨어뜨린 머리카락, CCTV에 잡힌 범인의 그림자로 모두 결정적인 단서였다. 하지만 그리믄 다모아스키는 범인이 자기 다섯 아들 중의 한 사람이라고 생각했다.

만약 범인이 정말 다섯 아들 중의 한 사람이라면 가문의 명예가 훼손될 수 있기 때문에 경찰에 알리지 말고, 유전자 검사나 지문 검사를 하지 말아 달라고 요구했다.

썰렁홈즈는 몇 가지 단서만을 통해 범인을 찾아낼 수 있을까? 다섯 명의 용의자 중에서 범인은 누구일까? 아니면 또 다른 범인이?

여러분도 썰렁홈즈와 함께 범인을 찾아보도록 하자. 두 눈 크~게 뜨고……

 단서 1 누구의 발자국인가?

마치 작은 성처럼 생긴 그리믄 다모아스키의 집에는 정원이 하나 있었다. 정원을 수색하던 썰렁홈즈는 도둑이 남긴 발자국을 발견했다. 다음의 발자국은 누가 남긴 발자국일까? 다섯 명의 용의자 중에서 찾아보도록 하자.

단서 2 지문이 남겨졌다!

썰렁홈즈는 결정적인 단서를 하나 찾아냈다. 문을 열면서 남긴 범인의 엄지손가락 지문을 찾아낸 것이다. 하지만 그리믄과의 약속 때문에 경찰의 도움을 받아 지문 검색을 할 수는 없는 상황이다. 자세히 관찰하여 찾아내는 수밖에……. 과연 썰렁홈즈가 찾아낸 지문은 누구의 것일까?

단서 3 범인을 보았다?!

정원사인 짜르나무 또짜르스키는 담을 넘어 도망가는 범인의 뒷모습을 보았다고 한다. 자세히 보지는 못했지만 범인의 모습은 그림과 같았다고 한다. 짜르나무 또짜르스키가 말한 범인은 누구일까? 앞에 등장한 용의자들의 모습을 다시 확인해 보자.

단서 4 머리카락이 가리키는 범인은?

또 다른 결정적인 단서 하나! 그림이 있던 자리에 몇 가닥의 머리카락이 떨어져 있었다. 분명 범인의 머리카락이라고 판단되었다. 이것으로 썰렁홈즈는 범인을 거의 확정할 수 있었다. 과연 썰렁홈즈가 생각하는 범인은 누구일까? 여러분이 생각한 범인과 같을까? 앞에 등장한 다섯 명의 용의자를 자세히 살펴보도록 하자.

단서 5. CCTV 속의 범인은 누구인가?

그림을 보관해 놓은 방에는 그림을 감시하는 CCTV가 설치되어 있었고, 우연히 범인의 모습이 CCTV에 잡혀 있었다. 이제 범인이 누구인지 확실해졌다.

앞에 나온 네 개의 단서와 이번 다섯 번째 단서를 통해 범인을 결정해 보도록 하자. 과연 그림을 훔쳐 간 범인은 누구일까? 범인은 용의자 중에 있는 것일까? 아니면……?

사건 3

도나카와 안스네가 남긴

유산

일본의 소문난 구두쇠인 '도나카와 안스네'는 얼마 전에 심장 마비로 세상을 떠나고 말았다. 그가 남긴 유산은 일본의 한 시골 마을에 있는 거대한 집 한 채. 소문에 의하면 그 집에는 도나카와 안스네가 평생 모아 둔 재산이 담긴 보물 상자가 있다고 한다. 하지만 평소 의심이 많았던 도나카와 안스네는 보물 상자를 쉽게 열지 못하도록 비밀 장치를 해 놓았다.

평소에 겁이 많았던 도나카와 안스네의 아들인 '도나카와 하지마'는 썰렁홈즈에게 그 집의 비밀을 풀어서 보물 상자를 열어 달라고 의뢰했다. 그 소식을 들은 썰렁홈즈는 바로 일본으로 향했다. 과연 도나카와 안스네의 집에는 어떤 비밀 장치가 있을까? 우리의 썰렁홈즈는 그 집에 있는 비밀 장치를 풀어 도나카와 안스네의 보물 상자를 찾을 수 있을까?

여러분도 썰렁홈즈가 되어 도나카와 안스네가 남긴 보물 상자를 열어 보도록 하자. 비밀의 보물 상자 속에는 어떤 보물이 들어 있을까? 엄청난 금괴? 아니면 또 다른 보물?

같은 문을 찾아라!

집으로 들어가는 문은 단 하나. 문을 열고 들어가니 비슷하게 생긴 문이 달린 열여섯 개의 방이 나왔다. 열고 들어간 문에는 '문은 모두 하나로 통한다'라는 말이 적혀 있다. 방금 열고 들어온 문과 같은 문으로 들어가야 한다는 말이다.

썰렁홈즈가 지금 열고 들어온 문과 똑같은 문의 방은 어떤 방일까? 문에 적혀 있는 한자와 문의 모양을 잘 살펴보자.

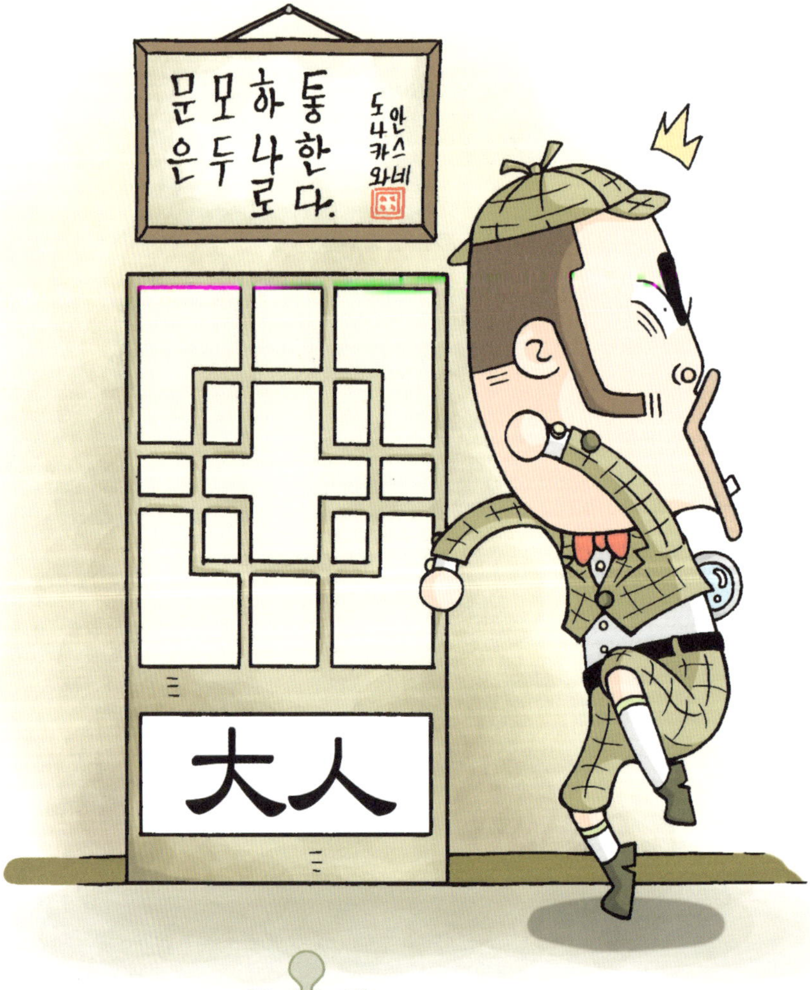

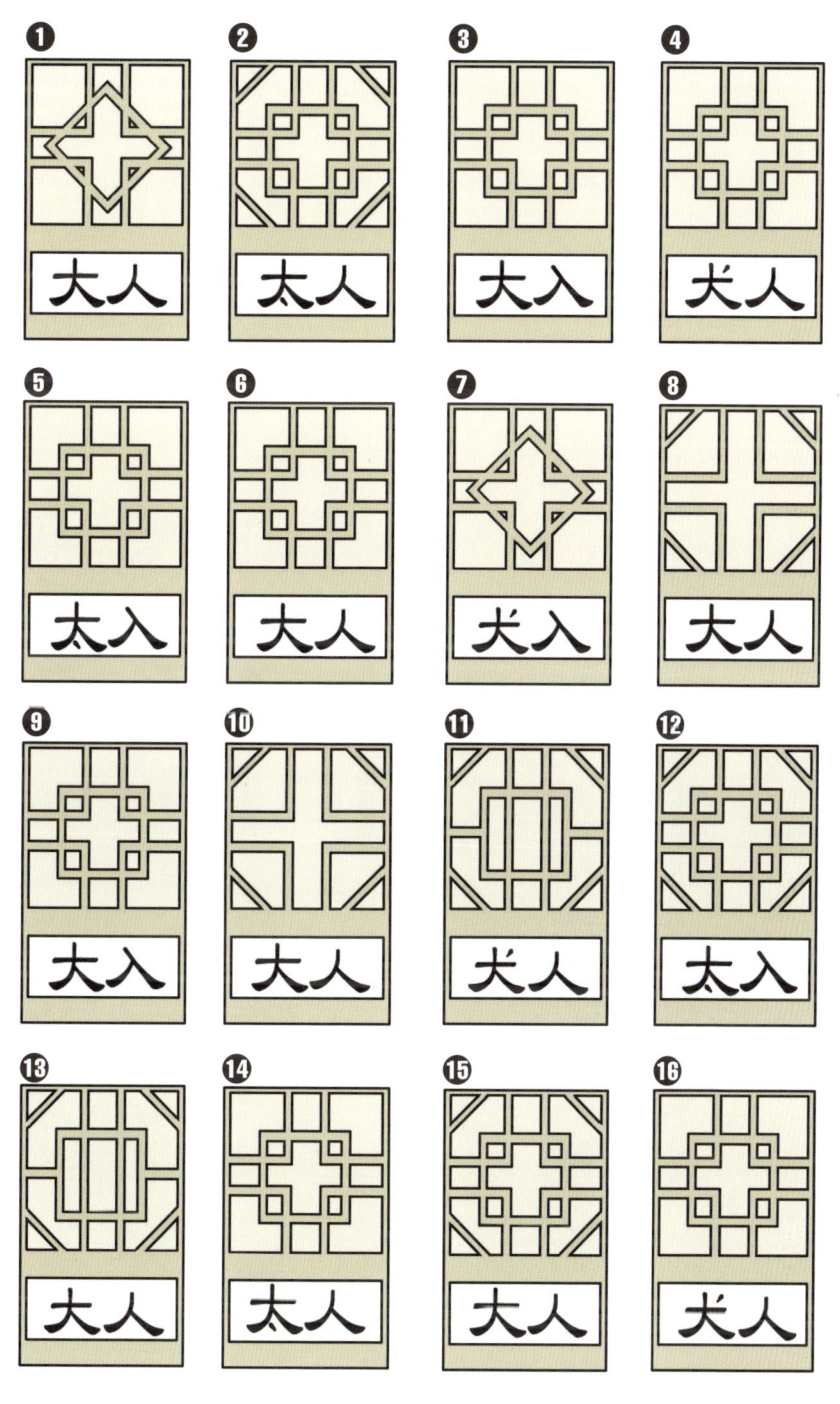

탁구공을 꺼내라!

문을 열고 들어가니 또 다른 문이 달린 방이 나왔다. 그 문의 가운데에는 동그란 구멍이 있었다. 그 문의 위에는 액자가 하나 있었는데, '탁구공을 꺼내서 문에 넣어라'는 말이 적혀 있었다.

"탁구공이 어디에 있지?"

썰렁홈즈가 찾아보니 탁구공은 문 앞에 있는 30cm 깊이의 구멍 속에 들어 있었다. 손을 넣어 탁구공을 빼내기에는 구멍이 너무 작고 깊었다.

대신에 문 앞에는 사과, 지우개, 성냥, 20cm 자, 물이 가득 들어 있는 주전자가 놓여 있었다. 30cm 깊이의 구멍 속에 담긴 탁구공을 어떻게 하면 꺼낼 수 있을까? 앞에 놓인 도구를 이용해서 구멍 속의 탁구공을 꺼내 보자.

비밀장치 3. 미로 속에 열쇠가 있다!

탁구공을 꺼내 문을 열고 들어가니 미로의 방이 나왔다. 그 곳에는 '**미로 속에 열쇠가 있다**'는 말이 적혀 있었다. 이제 미로 속에서 열쇠를 찾아 보물 상자를 열기만 하면 된다. 미로 찾기쯤은 누워서 떡 먹기?!

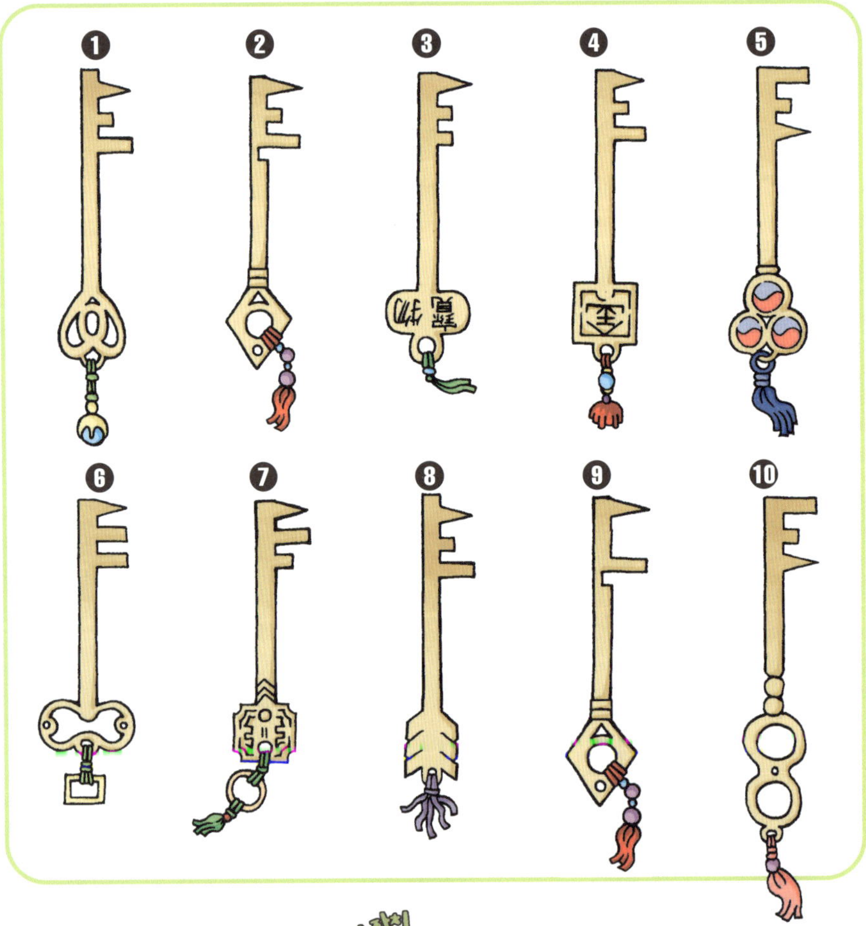

4. 어떤 열쇠가 맞을까?

이제 마지막 단계! 미로의 방에서 찾아낸 열쇠 꾸러미로 보물 상자를 열기만 하면 된다. 문제는 찾아낸 열쇠 꾸러미에는 각각 다른 열쇠 열 개가 달려 있다는 것. 썰렁홈즈는 열 개의 열쇠 중에 정확한 한 개의 열쇠를 찾아 열어야 한다. 어떤 열쇠가 보물 상자의 열쇠일까? 그리고 보물 상자에 담긴 보물은 무엇일까?

첫 번째 마술
나는 네 손에 든 동전을 알고 있다!

자, 먼저 동전 두 개를 준비하세요. 100원짜리 동전 한 개와 50원짜리 동전 한 개. 다음은 두 동전을 각각 한 손에 한 개씩 꼭 쥐어 보세요. 물론 이 썰렁홈즈가 알 수 없도록 잘 감춰야 하겠지요? 각각의 손안에 동전이 잘 들어 있나요?

그럼 지금부터 간단한 계산을 해 보겠습니다. 오른손에 든 동전 곱하기 7을 하세요. 그리고 왼손에 든 동전 곱하기 3을 하고, 각각의 두 수를 더합니다. 여기에서 중요한 점! 계산은 반드시 머릿속에서 해야 합니다.

계산하는 시간 10초를 드리지요. 하나, 둘, 셋, ……, 아홉, 열! 계산이 모두 끝났나요? 그럼 한번 맞혀 볼까요? 당신이 계산한 숫자가 700보다 큰가요? 그렇다면 당신의 오른손에는 100원짜리 동전이 있습니다. 700보다 작다고요? 그럼 당신의 오른손에는 50원짜리가 있습니다!

어때요? 정확하지요?

두 번째 마술
손대지 않고 합체!

 썰렁홈즈의 마술 실력이 대단하다고요? 뭘 이 정도 가지고……. 또 다른 마술을 하나 보여 드리지요. 아니, 여러분이 직접 할 수 있도록 이 썰렁홈즈가 도와 드리겠습니다. 그럼 종이를 한 장 준비합니다. 색종이도 좋고, 도화지도 좋고, 너무 딱딱하지 않은 종이로 말이죠. 대신 조금 길쭉해야 합니다. 그런 다음 그림과 같이 종이를 말아서 클립을 끼웁니다. 마치 뱀을 클립으로 잡아 놓은 것 같네요. 자, 여기에서 문제를 하나 드립니다. 클립에 손을 대지 않고 이 두 클립을 서로 연결하려면 어떻게 할까요? 말이 안 된다고요? 그럼 제가 알려 드리지요. 방법은 아주 간단해요. 종이의 양끝을 잡아당겨 펴세요. 어떻게 되었나요? 두 개의 클립이 신기하게도 합체되었죠?

모두 3이야!

이제 숫자를 이용한 마술을 해 보도록 해요. 이번에는 옆에 있는 다른 사람들과 함께 해 보도록 합니다. 엄마, 아빠, 언니, 누나, 형, 동생 누구라도 좋습니다. 자~, 다들 모였으면 마음속에 각각의 숫자를 하나씩 생각합니다. 물론 자신이 생각한 숫자를 다른 사람에게 알려 줘서는 안 되겠지요? **생각한 수에 2를 더합니다.** 거기에 **다시 2를 곱하세요.** 그런 다음 **다시 2를 더하고**, 계산해서 나온 숫자를 다시 **2로 나눕니다.** 얼마인지 잘 계산하고 있지요? 이제 계산해서 나온 숫자에서 **맨 처음 마음속으로 생각했던 숫자를 뺍니다.** 계산 결과가 얼마인가요? 30이라고요? 다른 사람은요? 그럼 모든 사람의 답이 3인가요? 하지만 처음 생각한 숫자는 각각 다를 거예요. 어때요? 신기하지요?

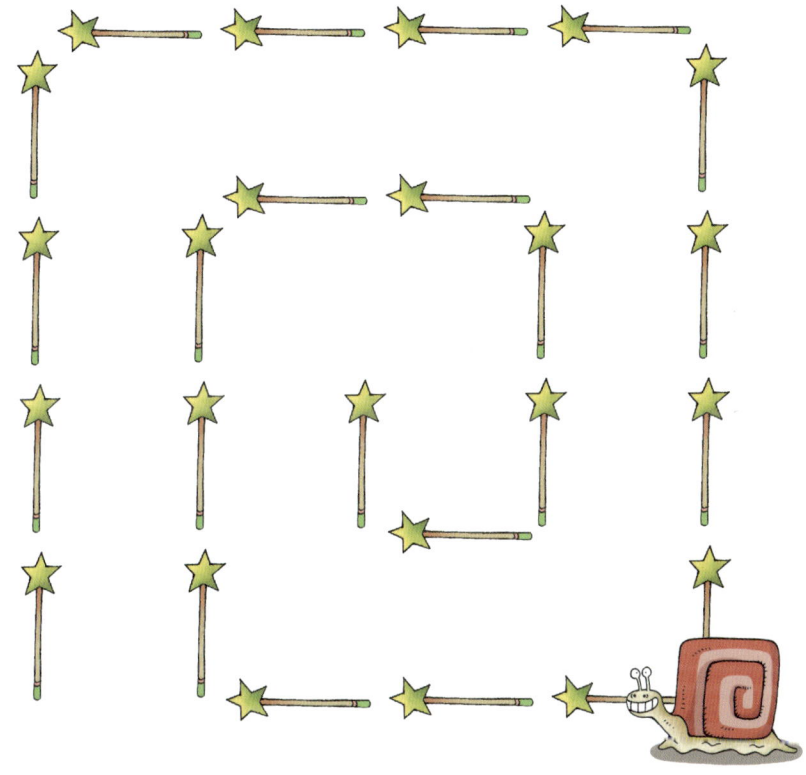

네모야 나와라~!

　이번에는 마술이 아니라 퍼즐 문제를 하나 내겠습니다. 마술 지팡이를 이용한 퍼~즐! 위의 그림을 잘 보세요. 마술 지팡이의 개수는 모두 몇 개일까요? 네……. 모두 스물네 개입니다. 물론 이것은 문제가 아니고요. 이제 진짜 문제를 내겠습니다. 달팽이처럼 놓인 그림의 마술 지팡이에서 **네 개를 움직여 세 개의 정사각형**을 만들어 보세요. 반드시 네 개의 마술 지팡이만을 움직여야 합니다. 집에서 따라 해 보려면 스물네 개의 마술 지팡이를 구해야겠지요? 만약 스물네 개의 마술 지팡이를 구할 수 없다면 이쑤시개나 성냥개비를 가지고도 할 수 있답니다. 문제를 풀지 않고 불장난을 하는 친구들은 없겠죠? 절~대로!

외계인 스콜피오스의 음모

어느 날 세상에서 가장 뛰어난 퍼즐탐정인 썰렁홈즈에게 사건 의뢰가 들어왔다. 이 사건은 국가의 비밀 프로젝트 KX-313으로 외계인에 관한 것이었다.

얼마 전에 정체를 알 수 없는 비행선이 불시착했다. 그 비행선에는 의식을 잃은 외계인과 메시지가 담겨 있는 저장 장치, 그리고 네 개의 상자가 있었다.

조사 결과 이 외계인은 전갈자리의 M7 산개 성단 부근의 한 행성에 살고 있는 외계인으로, 서로를 '스콜피오스'라고 불렀다. 저장 장치에는 다음과

첫 번째 상자가 가리키는 날에,
두 번째 상자가 말하는 곳에 있는,
세 번째 상자가 나타내는 것을
모두 빼앗을 것이다.

그럼 네 번째 상자가 말하는 것은
우리 것이다!

지구의 운명은 상자 속에 있다?!

같은 메시지가 담겨 있었다.
 "첫 번째 상자가 가리키는 날에, 두 번째 상자가 말하는 곳에 있는, 세 번째 상자가 나타내는 것을 모두 빼앗을 것이다. 그럼 네 번째 상자가 말하는 것은 우리 것이다!"
 외계인 스콜피오스의 메시지와 상자가 뜻하는 것은 무엇일까? 지구의 무엇을 노리는 것일까? 호……, 혹시 지구 정복?!
 우리 모두 썰렁홈즈와 함께 외계인의 상자를 열어 보도록 하자.
 "썰렁홈즈야~, 준비됐니~!"

1. 첫 번째 상자!

가로세로의 합은 같다?!

첫 번째 상자를 열어 보니 일곱 개의 동전이 놓여 있는 커다란 판과 메시지가 나왔다. 이 동전은 외계인 스콜피오스들이 사용하는 것으로, 각각의 동전에는 '3358501 마즈'라고 새겨져 있었다. 특이하게도 동전은 십자 모양으로 놓여 있었다. 상자에는 다음과 같은 메시지가 있었다.

"이 동전 중 두 개만을 움직여 가로와 세로 동전의 합이 같도록 하여라. 그 모든 합이 우리가 말하는 시간이다!"

2. 두 번째 상자!

두 번째 상자에는 글자가 적혀 있는 카드와 메시지가 들어 있었다. 메시지는 다음과 같았다.

"이 카드는 우리가 공격해야 할 장소를 말한다. 세 번째 상자가 말하는 것을 우리는 이곳에서 얻을 것이다. 카드에서 다섯 글자를 찾아라. 힌트는 '앞'에 있다."

암호를 해독하라!

3. 세 번째 상자!

세 번째 상자에서는 가로세로 퍼즐이 나왔다. 외계인의 얼굴 모양처럼 생긴 이 퍼즐 안에 그들이 무엇을 원하는지 나와 있다. 가로세로 퍼즐을 풀어 그들이 원하는 게 정말 무엇인지 밝혀 내도록 하자.

상자 안에 퍼즐과 함께 들어 있는 메시지는 다음과 같다.

"퍼즐을 모두 풀면 색깔이 다른 네모의 답이 나온다."

〈가로 열쇠〉

1. 대한민국의 전통 연. 직사각형이며, 가운데에 구멍이 있다.
3. 지구인들은 우리를 E.T.라고도 부른다.
5. 물고기 이름. 연어목 연어과의 물고기로 사마연어라고도 한다.
6. 모퉁이 안쪽. 외딴곳.
8. 바늘 모양의 잎을 가진 나무. 솔이라고도 한다.
9. 기관이 좌우로 갈라진 곳에서부터 폐에 이르는 호흡 기관
11. 이름을 밝히지 말라!
12. 으~, 양말에 ○○ 났네.
14. 모기와 함께 해충의 대명사.
15. 마그마에 의해 용암 등과 같은 물질이 만들어 놓은 산.
16. 고정시킨 한 축의 주위를 일정한 주기로 진동하는 물체.
18. 지각을 구성하는 물질로, 대부분이 광물의 집합체이다.
20. 하늘과 바다가 맞닿아 보이는 선.
22. ○○은 국력이다!
23. 생물의 특징으로 빛이 자극되어 움직이는 성질.
24. 자료를 수집하여 연구할 수 있도록 해 놓은 시설. 서울에는 '국립 중앙 ○○○'이 있지.

〈세로 열쇠〉

1. 공격의 반대.
2. 과학자들이 연구하는 곳.
3. "원수는 ○○○ 다리에서 만난다!"
4. 지구에 사는 사람들의 수.
5. 신호를 내보내는 장치.
7. 평양에서 태어난 나비 박사. 「접류목록」이라는 책을 냈다.
10. 금성과 화성 사이에 있는 행성.
11. 짐승이나 새의 떼.
13. 짚으로 엮은 큰 자리. "이거 깔면 못 하지~!"
14. 바다에 가면 이게 몰려와요.
15. 석영과 장석류를 주성분으로 하는 암석.
17. 자극 사이에 작용하는 힘. 자석의 힘.
19. 동굴 속에 생긴 돌기둥.
20. 태양과 가장 가까이에 있는 태양계 행성.
21. 배를 다른 말로 뭐라고 하지?
22. 식물의 줄기에 있으며 영양분이 지나는 길.

4) 네 번째 상자!

네 번째 상자에는 어떤 기록이 담겨 있는 노트가 들어 있었다. 분명 외계인 스콜피오스들은 오래전부터 무엇인가를 연구하고 있었다. 이 기록을 자세히 읽어 보고 무엇을 말하는 것인지 알아맞혀 보자.

산타 마을의 루돌프 콘테스트

크리스마스를 10일쯤 남겨 놓은 산타 마을에 큰일이 생겼다.

빨간 코 사슴 루돌프가 감기에 걸려 썰매를 끌지 못한다는 것. 그래서 루돌프를 대신할 다른 사슴을 뽑기로 했다.

국제 산타 협회에서는 고심 끝에 네 가지 문제를 만들었고, 이 문제를 모두 맞히는 사슴에게 썰매를 끌 수 있는 영광을 주기로 했다.

이에 호시탐탐 루돌프의 자리를 노려 왔던 루돌프의 동생 간돌프는 썰렁홈즈에게 도움을 청했다. 산타 마을의 루돌프 콘테스트! 산타클로스의 썰매는 간돌프가 과연 끌 수 있을까?

문제 1
빛이 나간 전구를 찾아라!

　루돌프의 가장 큰 특징은 캄캄한 밤을 환하게 비춰 주는 빨간 코! 산타클로스의 썰매를 끌 사슴이라면 우선 빛에 민감해야 한다. 그래서 국제 산타 협회에서 선정한 첫 번째 문제는 전기에 관한 것이다. 그림의 전구 중에서 불이 들어오지 않는 전구는 과연 어떤 것일까? 전구가 연결된 방향을 잘 볼 것! 하지만 문제에는 항상 함정이 있다는 것을 잊지 말기를~.

문제 2
하얀 눈 위에 산타클로스 발자국

썰매를 끌고 이곳 저곳을 다녀야 하는 사슴에게는 관찰력 또한 중요하다. 자신이 끌고 있는 썰매의 산타클로스가 누구인지를 알아내는 것 역시 기본!
눈 위에 찍힌 발자국을 보고 굴뚝에서 나온 산타클로스의 신발이 어떤 것인지 맞혀 보자. 하얀 눈 위에 찍힌 발자국의 모양과 걸어간 방향을 잘 보면 알 수 있다. 물론 산타클로스는 뒷걸음질을 하지는 않았다.

43

문제 3
100원짜리 선물은 모두 몇 개?

　썰매를 끄는 사슴의 가장 큰 역할은 선물 관리! 산타클로스가 선물을 골고루 나누어 주려면 자루에 선물이 얼마나 있는지 잘 알고 있어야 한다. 여기에서 문제! 산타클로스의 자루에는 마흔다섯 개의 선물이 들어 있다. 선물은 각각 10원, 50원, 100원짜리로 되어 있고, 선물의 가격을 모두 합하여 보니 1,000원이었다. 그렇다면 마흔다섯 개 선물 중에서 100원짜리 선물은 모두 몇 개일까? 힌트 하나! 50원짜리 선물은 모두 일곱 개였다.

문제 4
일곱째 아이의 양말을 찾아라!

마지막 문제! 이 문제만 맞히면 루돌프 콘테스트에서 영예의 우승을 하게 된다. 산타클로스가 찾아간 곳은 흥부네 집. 흥부에게는 스물다섯 명의 아이가 있고, 한 개씩 양말을 걸어 놓았다. 첫째 아이의 두 칸 옆 한 칸 아래에 여덟째 아이 양말이 있고, 여덟째 아이 세 칸 아래 양말은 다섯째 아이 양말이고, 그 한 칸 옆 한 칸 위의 양말은 넷째 아이 양말이다. 여덟째 아이 두 칸 옆 한 칸 아래에 둘째 아이 양말이 있고, 넷째 아이 양말의 한 칸 옆, 한 칸 위의 양말이 둘째 아이 양말이다. 둘째 아이 양말의 옆의 두 번째 양말이 일곱째 아이의 양말이다. 왼쪽 맨위 첫 번째 양말이 첫째 아이의 양말이라면, 일곱째 아이의 양말은 어떤 양말일까?

 썰렁홈즈의 사무실에 한 장의 편지가 도착했다. 발신지를 보니 대한민국 지리산 삼신봉의 동쪽 기슭 해발 고도 800m에 자리잡은 청학동이었다. 편지는 전통 생활을 하며 살고 있는 '홍석'이라는 소년이 보낸 것이었다.
 내용은 조상 대대로 내려온 보물을 도둑맞았다는 것. 보물은 '아무도모르'라는 티베트의 한 조각가가 금으로 만든 닭 인형인 '아무도모르계'였다. 이상한 것은 도둑이 훔쳐 가면서 한 장의 편지를 남기고 떠났다는 것. 편지에는 과연 어떤 내용이 들어 있을까? 과연 썰렁홈즈는 그 편지에 담긴 내용을 가지고 보물인 '아무도모르계'를 찾아낼 수 있을까? 우리도 썰렁홈즈를 따라 청학동으로 가 보도록 하자.

첫 번째 편지
굴렁쇠는 몇 바퀴를 굴렀는가?

　편지에는 '떡집 영훈이네로 가라!'라는 말이 써 있었다. 영훈이네에는 세 개의 굴렁쇠와 함께 편지가 있었다. 편지 내용은 다음과 같았다.

　"자, 이제부터 문제를 내겠다. 문제를 다 풀면 '아무도모르계'를 찾을 수 있을 것이다. 여기 세 개의 굴렁쇠가 있다. 첫 번째 굴렁쇠는 두 번째 굴렁쇠 지름의 두 배이고, 세 번째 굴렁쇠는 첫 번째 굴렁쇠 지름의 두 배이다. 문 앞에서부터 우물까지 두 번째 굴렁쇠가 스물여덟 바퀴를 굴러간다면 세 번째 굴렁쇠는 같은 거리를 몇 바퀴 굴러갈까? 단, 굴렁쇠는 직선으로 똑바로 움직였고 움직인 거리도 같다. 마을 입구에서 굴러간 바퀴 수에 해당하는 집에 다음 문제가 있다."

윷놀이에서 이긴 사람은?

두 번째 편지

마을 입구부터 첫 번째 문제의 답에 나온 수만큼의 집을 찾아갔다. 그 집에도 편지가 도착해 있었다. 편지에는 **'다락방 윷놀이에서 이긴 사람을 찾아가라!'**라고 쓰여 있었다. 다락방에 윷판과 세 개의 윷말 그리고 편지가 있었다. 편지에는 다음과 같이 쓰여 있었다. "떡집 영훈이는 순서대로 개, 윷, 개, 걸, 윷, 개, 개, 걸을 던졌고, 방앗간의 한철이는 걸, 도, 걸, 걸, 걸, 개를 던졌다. 구멍가게 영은이는 개, 걸, 개, 윷, 개, 도, 도, 개를 던졌다. 영훈, 한철, 영은이 순서로 윷놀이를 했을 때 누가 이겼을까? 윷말은 한 개씩이다."

홍석 영훈 한철 영은

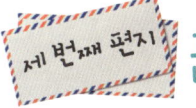 ## 끊어진 연은 누구의 연인가?

썰렁홈즈와 홍석은 윷놀이에서 이긴 사람의 집으로 찾아갔다. 그 집에는 이상한 그림과 편지가 도착해 있었다. 편지의 내용은 다음과 같았다.

"굴렁쇠에도 과학이 숨어 있다는 것을 알았는가? 그리고 윷놀이에 대해서도 알았겠지? 그럼 다음 문제. 그림은 연싸움을 하는 모습을 그린 것이다. 그림에서 연줄이 끊어진 연은 누구의 연인가? 그 사람의 집에 또 다른 문제가 있다."

연에는 홍석, 영훈, 한철, 영은이 연을 날리고 있고, 연줄이 서로 어지럽게 꼬여 있었다. 그중 연줄이 끊어진 연은 과연 누구의 것일까?

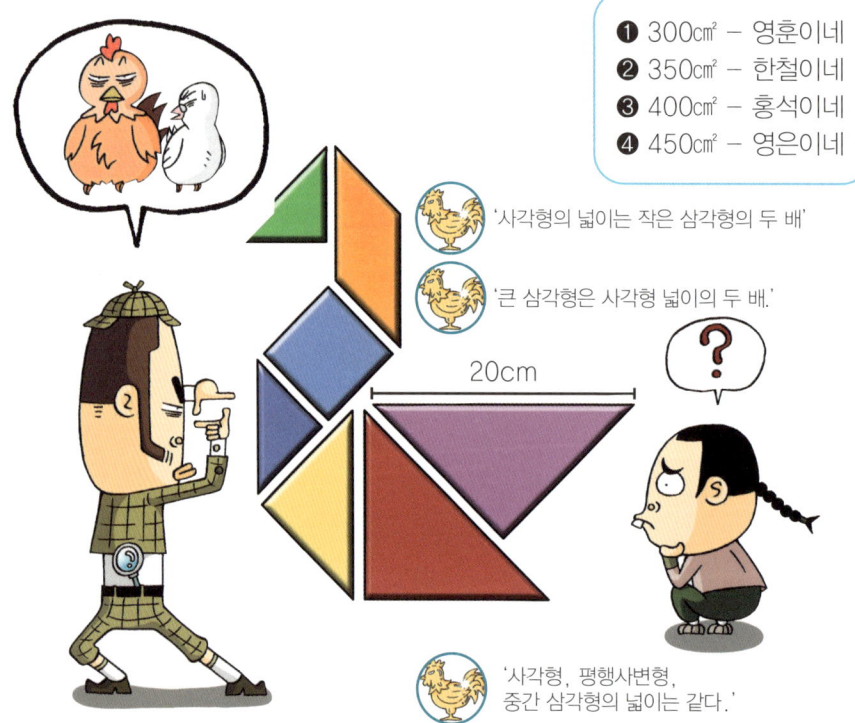

❶ 300㎠ – 영훈이네
❷ 350㎠ – 한철이네
❸ 400㎠ – 홍석이네
❹ 450㎠ – 영은이네

'사각형의 넓이는 작은 삼각형의 두 배'

'큰 삼각형은 사각형 넓이의 두 배.'

20cm

'사각형, 평행사변형, 중간 삼각형의 넓이는 같다.'

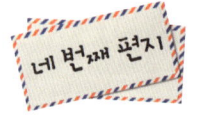  ## 칠교 놀이의 비밀

썰렁홈즈와 홍석은 끊어진 연 주인의 집으로 달려갔다. 그곳의 주인은 무엇인가 곰곰이 생각하고 있었다.

"이상해! 아침에 일어나 보니 이런 조각들과 편지가 놓여 있었어. 이 도형의 넓이가 얼마나 되는지 알아맞혀 보라는 내용이야. 보물을 훔친 범인은 정답에 해당하는 장소에 있다는데?"

굴렁쇠, 윷놀이, 연……, 이제는 칠교 놀이까지? 뭐야? 우리나라 각종 놀이는 모두 모였잖아? 점점 미궁에 빠지는 사건.

잃어버린 아무도모르계를 찾을 수 있을까? 범인은 과연 누구일까?

돌아온 외계인 스콜피오스

　지구에 있는 산소를 노렸던 외계인 '스콜피오스'가 또다시 지구를 찾아왔다. 이번에는 지구인의 두뇌에 도전장을 낸 것이다. 이번 역시 네 가지 문제를 준비했고, 이를 모두 알아맞히지 못하면 지구를 침략하겠다는 것이다. 단, 문제는 머리와 몸통의 크기가 같고, 주로 주먹을 쥐고 사는 국적 불명의 탐정이 풀어야 한다는 것이었다. 결국 엄선된(?) 신체 조건에 의해 썰렁홈즈가 문제를 풀게 되었다.
　그렇다면 지구의 운명은 썰렁홈즈의 손에?! 여러분도 함께 풀어 보도록 하자. 단, 신체 조건이 썰렁홈즈와 같은 친구들만…….

 일곱 색깔의 무지개 신호등

썰렁홈즈 오랜만이군.

예전에는 우리의 계획이 실패했지만 이번에는 어림도 없다! 그럼 문제를 시작해 볼까? 여기 일곱 색깔의 신호등이 하나 있다. 처음에는 왼쪽부터 홀수 번째의 차례대로 신호등이 켜졌다 꺼지고, 다음은 짝수 번째의 신호가 차례대로 켜졌다 꺼지지. 각각의 신호는 3분에 한 번씩 다음 신호로 바뀐다.

지금부터 36분이 지나면 무슨 신호가 켜 있겠는가?

지금은 노란색 신호등이 켜진 지 2분이 지났다.

 색깔로 노래하는 스콜피오스

지구인들이 음악을 그렇게 좋아한다지? 그래서 음악 문제를 하나 내 보겠다. 지구인의 음악에는 계이름이라는 것이 있지? "도레미파솔라시도~." 우리 스콜피오스의 행성에서는 계이름 대신 색깔을 사용하지. 지구에서 사용하는 도, 레, 미, 파, 솔, 라, 시, 도는 순서대로 빨강, 노랑, 주황, 초록, 흰색, 파랑, 검정, 남색을 사용한다는 말씀.

그럼 여기에서 문제! 다음에 나오는 색깔은 지구인의 어떤 노래일까? 힌트 한 가지! 이 노래는 대한민국의 대표적인 동요로 김메리라는 분이 작사, 작곡을 했다는 사실!

3. 빨간색 카드의 정체는?

오호~, 제법인걸! 그러면 이번 문제도 풀 수 있는지 한 번 시험해 보겠다.

여기에 일곱 색깔의 카드가 있고 카드 뒤에는 1보다 크고 10보다 작은 숫자가 하나씩 써 있다. 빨간색 카드와 주황색 카드의 숫자를 더하면 8이고, 노란색 카드 더하기 초록색 카드는 10이다. 파란색 카드와 남색 카드, 보라색 카드를 더하면 22이다. 파란색 카드 더하기 초록색 카드는 15이다. 주황색 카드 더하기 남색 카드는 11이다. 보라색 카드가 9, 노란색 카드를 3이라고 할 때 빨간색 카드의 숫자는 과연 무엇일까?

제한 시간 5분을 주겠다.

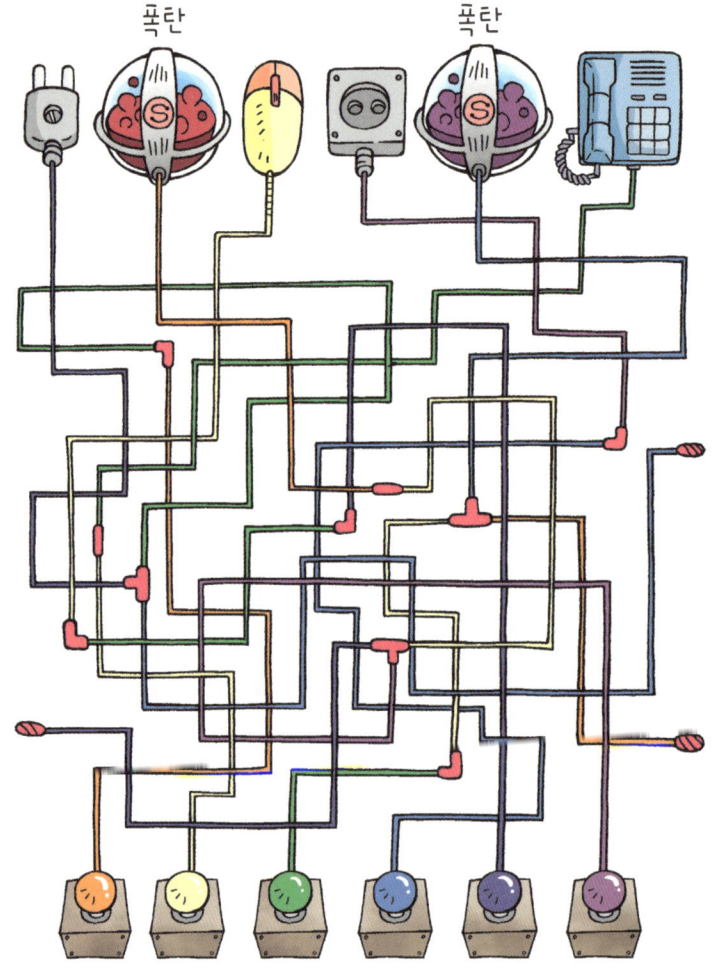

 폭탄을 제거할 전선의 색깔은?

그래! 이제는 더 이상 못 참겠다! 우리 스콜피오스 행성에서 가장 무서운 무기를 보여 주지. 그 이름은 유명한 '새까리쁘다무시하므우따가주그리' 폭탄! 이 폭탄이 터지면 지구인들은 웃다가 쓰러져 죽을 것이다!

음할할~. 이 폭탄에서 스위치에 연결된 두 개의 선을 잘라 폭탄을 제거해 봐라! 시간은 1분밖에 없다. 폭탄과 연결되어 있는 스위치의 색깔은?

비행기 테러리스트 '뱅기믄 다자바'

사건 해결에 지친 썰렁홈즈가 잠시 쉬려고 휴가를 떠났다. 남태평양의 한 무인도로 향하는 비행기를 탄 썰렁홈즈. 그런데 웬일? 썰렁홈즈가 탄 비행기에는 세계적으로 유명한 비행기 납치범 '뱅기믄 다자바'가 타고 있었던 것. 예상했던 대로 뱅기믄 다자바의 비행기 납치극이 시작되었다. 휴가를 떠나려다가 위기를 맞은 썰렁홈즈. 과연 비행기 납치를 막고 무사히 착륙할 수 있을까?

세 장의 거짓 쪽지

"하하하! 나를 모르는 사람은 없겠지! 내 이름은 뱅기믄 다자바. 비행기 납치 경력만 25년째라고! 너희들 모두 내 희생양이 되어야겠다! 하지만 내가 내는 문제를 알아맞히면 살려 줄 수도 있다. 그럼 첫 번째 문제. 여기 네 개의 쪽지가 있다. 이 중에서 세 개 쪽지의 내용은 거짓이고, 단 한 장만 모두 맞는 말이다. 다음 중 거짓이 아닌 쪽지를 찾아보아라!"

"하하하! 나는 비행기 납치 전문가 뱅기믄 다자바라고~. 문제를 모두 맞히면 살려 줄 수도 있다~. 켈켈켈!"

폭탄을 제거하라!

"문제를 풀었다고 좋아할 때가 아니지? 첫 번째 문제의 쪽지에서처럼 이 비행기에는 폭탄이 설치되어 있다. 폭탄은 연료 탱크와 연결되어 있어 잘못하면 비행기가 바로 폭발할 수 있다고! 하지만 기회를 주지. 폭탄은 숫자를 눌러 풀 수 있게 되어 있다. 다음에서 말하는 숫자를 하나씩 누르면 폭탄은 제거된다. 하지만 하나라도 틀리면 폭탄은 터져 버리고 말 것이다!"

1. 곤충의 다리 수 ☐개
2. 판다의 한 쪽 앞발의 발가락 수 ☐개
3. 무궁화의 꽃잎 수 ☐장
4. 파리의 날개 수 ☐개
5. 세가락갈매기의 앞발 발가락 수 ☐개

비행기 화재를 진압하라!

"폭탄까지 제거하다니! 생각보다는 한 수 위로군. 그렇다고 물러선다면 이 뱅기몬 다자바의 이름이 부끄럽지. 이번에는 불이다! 지금 비행기 끝부분에는 불이 나고 있다. 시간이 지나면 비행기가 모두 타 버리거나 그전에 모두 연기로 질식하고 말 것이다. 그래도 기회는 한 번 주지. 여기 정사각형 안에 소화기들이 있다. 마지막 칸에는 모두 몇 개의 소화기가 들어가겠는가? 문제를 알아맞히면 소화기를 모두 주겠다!"

네 번째 문제
비행기를 탈출하라!

소화기로 불을 끄려 했으나 불은 점점 번져 비행기를 버리고 탈출할 수밖에 없었다.

"끄하하하~. 나는 먼저 간다~! 나에게는 비상용 낙하산이 있거든. 나머지는 너희들이 알아서 해라. 안녕~."

위기일발의 순간. 그러나 승객과 승무원은 마흔 명인데, 낙하산은 서른네 개뿐이다. 승무원의 말에 따르면, 비행기의 창고에는 여분의 낙하산 여섯 개가 있다고 한다. 창고에 어지럽게 널브러진 여섯 개의 낙하산을 찾아보도록 하자. 비행기는 계속 불에 타고, 이제 시간이 별로 없다.

탈출 시작!

물컵 동굴을 통과하라!

동굴로 들어간 썰렁홈즈와 동굴 탐사대는 깜짝 놀랐다.
2km 정도 들어가니 동굴 안이 환하게 밝혀져 있는 것이 아닌가? 그리고는 네 개의 갈림길이 나왔다. 갈림길 앞에는 커다란 물컵이 놓여 있었고 다음과 같이 적혀 있었다.

"물이 들어 있는 컵 뒤로 인형을 움직일 때 어떤 모습이 나타나겠는가? 단, 인형은 물컵에서 10cm 이상 떨어져 움직인다. 맞는 답에 해당하는 번호의 동굴로 들어와라."

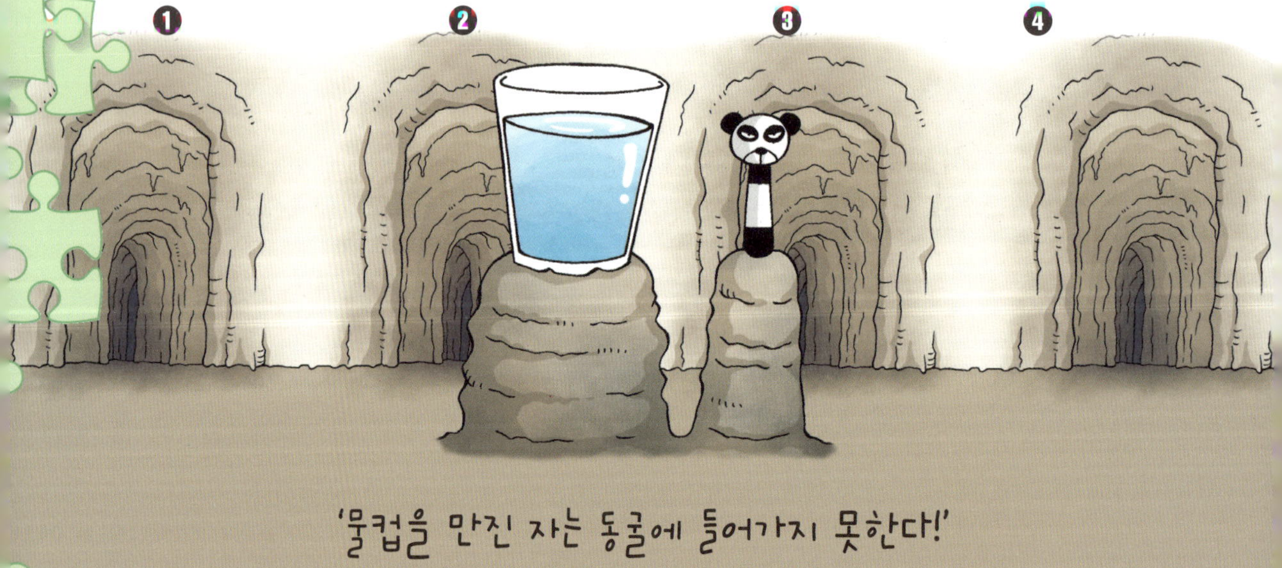

'물컵을 만진 자는 동굴에 들어가지 못한다!'

 ## 거울 동굴을 탈출하라!

　문제를 알아맞히기 위해 한 사람은 물컵을 잡고 실험을 했다. 그래서 인원은 세 명으로 줄어들었다. 앞에서 알아맞힌 동굴을 따라 들어가니 커다란 거울이 나왔다. 거울이 동굴을 꽉 막고 있어 더 이상 들어갈 수 없었다. 거울의 앞에는 다음과 같이 써 있었다.

"자신의 잘못된 부분을 큰 소리로 외쳐라!"

　무슨 뜻이지? 거울에는 자신의 모습이 비춰 있었다. 하지만 뭔가 이상한 걸? 거울에서 잘못된 부분은 무엇인가?

 수중 동굴을 벗어나라!

정답을 크게 외쳤더니 거울이 문처럼 열렸다. 그런데 이럴 수가! 거울 동굴을 나서자마자 동굴 바닥이 꺼지면서 앞서가던 썰렁홈즈와 탐사원 한 명이 바닥 아래로 떨어졌다.
"으아~악! 썰렁홈즈 살려~. 아이고 나 죽네."
이제 남은 사람은 둘. 떨어진 동굴 아래에는 다섯 개의 물웅덩이가 보였다. 물웅덩이 앞에는 이런 푯말이 놓여 있었다.

끝검은말매미충 몸색깔의 물에는 악어가 살고, 벌깨덩굴 꽃 색깔의 물에는 염산이 들어 있다. 강옥의 한 종류인 7월 탄생석 색깔의 물에는 들어갈 수 없다. 청둥오리 수컷의 머리 색깔과 같은 물로 들어가면 막다른 길이다. 단, 수중 동굴은 한 사람만이 지나갈 수 있다.

"도전할 자, 또 있는가……. 망치 맛 좀 봐라!"

네 번째 문제 석상 동굴을 탈출하라~!

　한 사람만 통과할 수밖에 없다는 수중 동굴의 조건에 따라 썰렁홈즈 혼자만 통과했다. 이제 남은 사람은 썰렁홈즈 한 사람뿐. 수중 동굴을 통과한 썰렁홈즈 앞에는 거대한 석상 하나가 나타났다. 거대한 석상은 커다란 네 개의 망치를 들고 있었고 그 밑에는 네 개의 갈림길이 있었다. 석상에는 다음과 같이 써 있었다.
　'망치에는 석상의 여러 부분이 새겨져 있다. 실제 석상의 부분과 다르게 새겨져 있는 망치 아래의 문을 통과해야 한다. 그렇지 않으면 망치에 맞아 살아남지 못하리라!'

과학의 힘으로 세계를 정복하려는 이탈리아의 과학자 '네가머래도 다비처'. 그의 특기는 그림자를 자기 마음대로 조정할 수 있다는 것이다. 그림자를 통해 인류를 혼란에 빠뜨리고 그 틈을 타서 세계를 정복하려는 야무진 꿈을 가지고 있다. 말도 안 되는 계획을 가지고 덤비는 네가머래도 다비처의 상대는 역시 썰렁홈즈. 매번 있던 일처럼 그림자 마왕은 네 가지 문제를 냈고, 썰렁홈즈는 이 문제를 풀어야 한다. 이제 판타지 나라에 들어선 썰렁홈즈. 그림자 마왕이 내는 문제는 무엇일까?

문제 1 그림자가 사라진 사람은 누구인가?

"켈켈켈~. 홈즈! 오랜만이군. 내가 누군지 기억하겠는가? 난 그 이름도 유명한 '네가머래도 다비처.' 그림자를 마음껏 조종할 수 있지. 지금부터 문제를 내겠다. 여기 여섯 명의 사람들이 있다. 물론 썰렁홈즈도 있지. 그들의 그림자를 합쳐 보았다. 한 사람을 뺀 다섯 사람만 말이지. 그러면 그림자가 사라진 사람은 과연 누구일~까?"

문제 2 그림자 줄 긋기를 완성하라!

"이번에는 아주 쉬운 문제를 내지. 줄 긋기라고 들어 봤지? 왼쪽에는 사람도 있고 물건도 있고 여러 가지가 있지. 그리고 오른쪽에는 그것들의 그림자가 있어. 그림자를 찾아 줄을 긋는 아주 간단한 문제야. 하지만 그림자의 모습이 그리 간단하지만은 않을걸? 켈켈켈~."

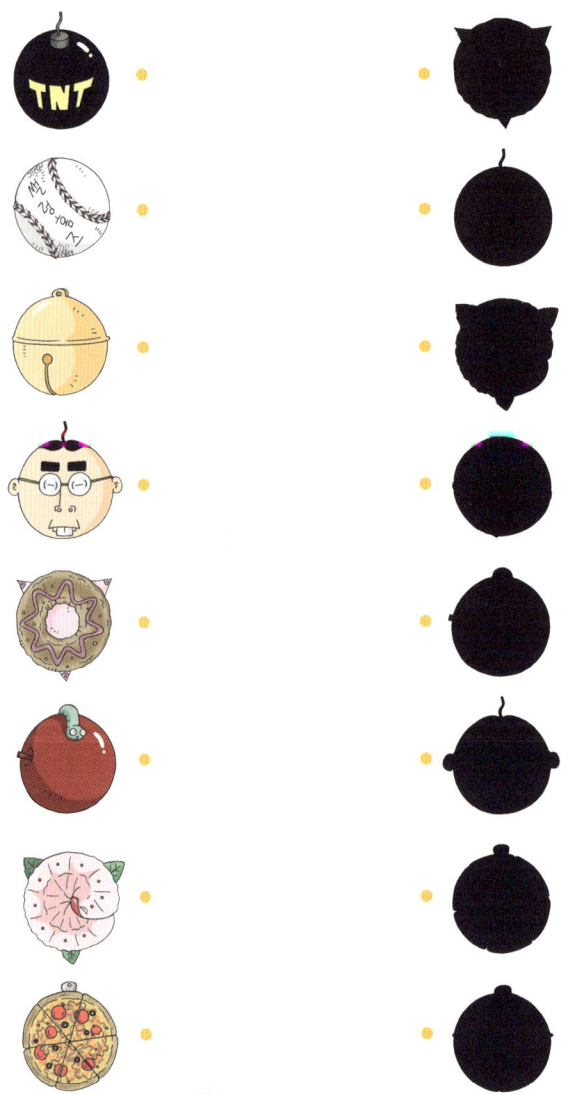

문제 3 손가락 그림자의 정체!

"오호……. 썰렁홈즈의 실력이 줄지 않았군. 그렇다면 썰렁홈즈가 풀기 어려운 문제를 내지. 아마 절대 풀지 못할 거야. 신체 구조상 말이지. 켈켈켈~! 여기 스크린에 비친 그림자를 보라구. 정말 아름답지? 이건 손으로 만든 그림자라는 말씀. 이게 어떻게 해서 만든 건지 직접 한번 해 보시지. 이번만큼은 여러분의 도움을 받아도 인정해 주지. 썰렁홈즈는 어차피 못 할 테니까……."

문제 4 **가장 키가 큰 외계인은?**

"이런~, 이런……. 여러분도 썰렁홈즈를 닮아 잘 맞히는군. 그럼 마지막 문제. 이 문제야말로 정말 알아맞히기 힘들 거야…. 여기 네 개의 외계인 그림자가 있다. ❶번 외계인은 벽 1m 앞에 서 있고, 1m 크기의 촛불이 외계인 1m 앞에 놓여 있다. ❷번 외계인은 벽 1m 앞에 있고, 80㎝ 크기의 촛불이 1m 앞에 놓여 있지. ❸번 외계인은 벽 80㎝ 앞에 놓여 있고, 60㎝ 크기의 촛불이 외계인 60㎝ 앞에 놓여 있다. 마지막 ❹번 외계인은 벽 1m 20㎝ 앞에 놓여 있고, 1m 20㎝짜리 크기의 촛불이 인형 60㎝ 앞에 놓여 있다. 벽에 비춘 그림자가 다음과 같을 때 가장 큰 외계인은 몇 번이겠는가? 이번 문제를 알아맞히지 못하면 지구를 그림자 세상으로 만들어 버리겠다!"

사건 12

검은 조직 '까마케롬다만드러'의 음모

그림자를 이용해 세계를 정복하려는 이탈리아의 과학자 '네가머래도 다 비처'의 정체는 밝다름 아닌 아홉 살 꼬마. 하지만 그 뒤에는 거대한 검은 조직이 숨어 있었다.

그 조직의 이름은 '까마케롬다만드러'.

이제는 그 검은 조직이 다시 썰렁홈즈에게 도전장을 던졌다. 또 다른 그림자 문제로 승부를 걸어 온 것이다. 다시 위기에 처한 썰렁홈즈. 과연 검은 조직 까마케롬다만드러가 내는 문제를 풀 수 있을까?

첫 번째 문제: 꺼진 양초의 그림자, 그 진실을 밝혀라!

"감히 우리 까마케롬다만드러의 일을 방해하려 했다 이거지……. 썰렁홈즈란 녀석 정말 겁이 없군. 그럼 우리 조직의 검은 맛을 보여 주지. 여기 여러 개의 양초가 있다. 그중 가운데에 있는 양초 하나만 불이 켜져 있고, 나머지는 꺼져 있지. 물론 촛불 때문에 다른 양초에 그림자가 생길 것이다. 하지만 우린 그 양초 그림자의 위치를 조금씩 바꾸어 놓았다. 우리는 그림자를 마음대로 바꿀 수 있는 능력이 있거든. 음하하하! 그럼 실제 그림자가 맞는 양초는 어떤 것인지 알아맞혀 보아라. 물론 자를 대 보거나 하는 유치한 행동은 하지 않겠지? 그냥 눈으로 보고 알아맞혀 보아라. 정답을 알아맞힐 기회는 단 한 번만 주겠다."

움직이는 그림자는 어디에?

"그래……. 썰렁홈즈가 눈썰미는 있군. 그럼 조금 더 복잡한 문제를 내 볼까?

다음 그림처럼 길이 80cm 책상에 2개의 양초가 놓여 있다. 책상 가운데에 있는 양초는 '1시간 30분 간격'으로 오른쪽으로 20cm씩 움직인다. 책상의 오른쪽 맨 끝에 양초가 오면 다시 같은 시간 간격으로 왼쪽으로 움직인다. 지금 시간은 오전 11시 30분. 다음날 새벽 2시 30분이 되면 책상 가운데에 놓인 양초의 그림자는 어디에 위치하겠는가? 어때? 아까 낸 문제보다는 조금 더 생각해 봐야겠지?"

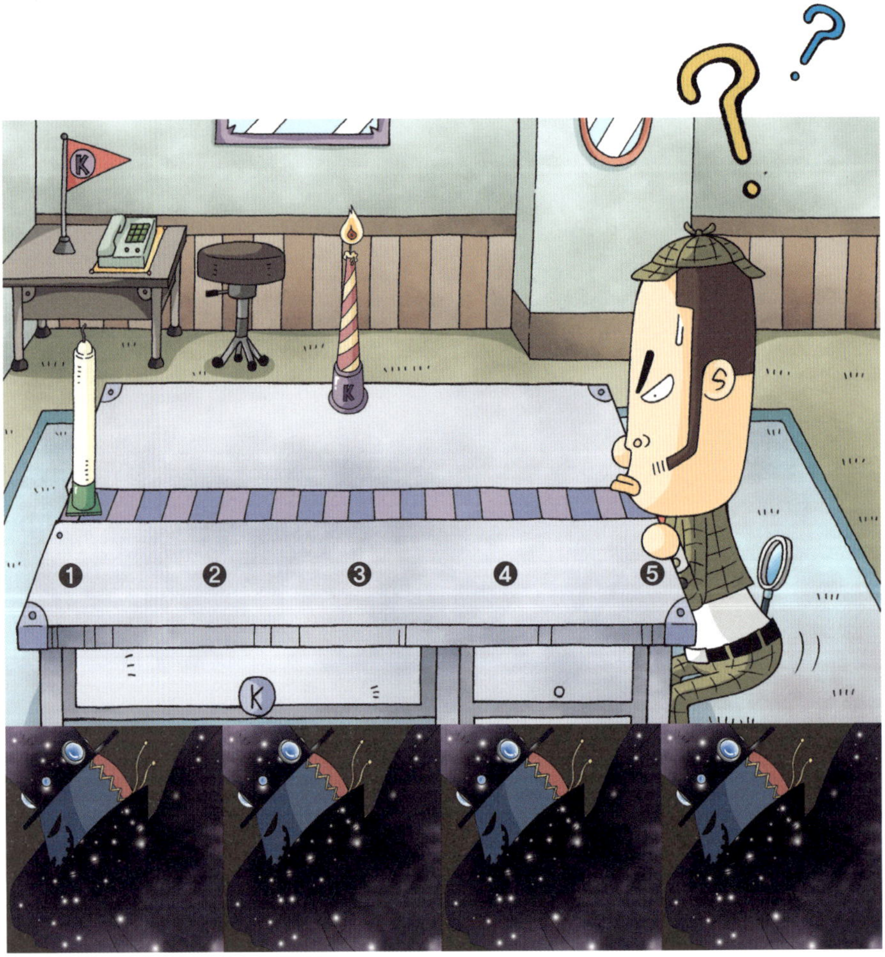

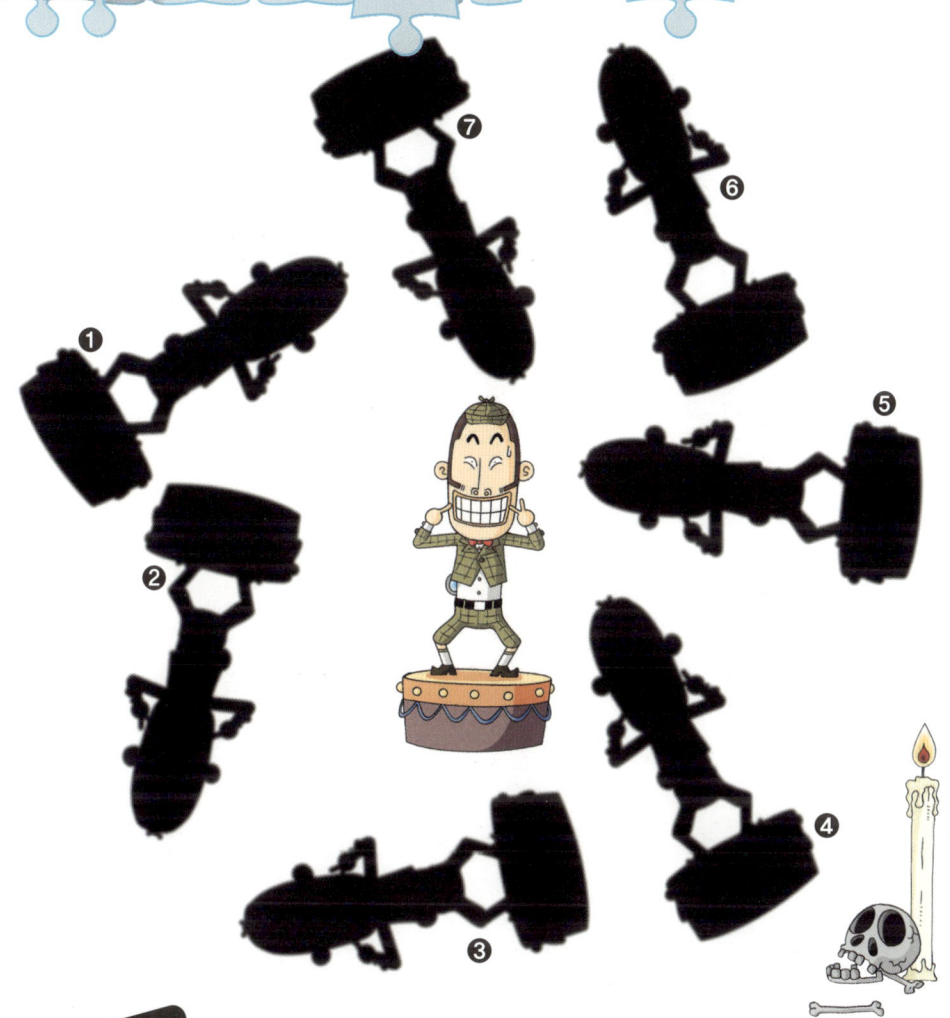

세 번째 문제: 썰렁홈즈의 잘못된 그림자를 찾아라!

"자……, 이제는 썰렁홈즈의 관찰력을 한번 시험해 볼까? 그림자를 만들어야 하니까 썰렁홈즈가 한 번 멋진 포즈를 취해 보지. 그래, 그래. 그렇게 말이야. 아~주 잘 하고 있어. 하지만 조금 유치하구만. 하여간 우리는 그 모습의 그림자를 마음껏 만들고 다시 바꾸어 놓을 수 있지. 이렇게 말이야. 음하하하! 여기 같은 모양의 썰렁홈즈 그림자가 여러 개 있다. 그중에서 방향이 다른 그림자가 단 한 개 있지. 그 그림자를 찾아보아라. 물론 자신의 그림자니까 찾아낼 수 있겠지?"

네 번째 문제 **한 사람은 누구란 말이지?**

"좋았어. 이제 마지막 문제다. 우리 까마케롬다만드러는 모두 여섯 명으로 구성된 세계 최고의 과학자들이다. 지금 우리는 세계를 검은 그림자 속에 넣을 약품을 만들고 있다. 여기가 바로 그 실험실이지. 하지만 뭔가 이상하지? 여기 일곱 사람이 있으니 말이야. 다음 그림자를 보고 우리 검은 조직에 속하지 않은 사람이 누구인지 한번 알아맞혀 보아라. 썰렁홈즈가 이 문제를 알아맞히지 못하면 우리는 연구를 완전히 끝내고 그림자 세상으로 만들 것이다. 음~하하하하하하하~!"

① ② ③ ④ ⑤ ⑥ ⑦

첫 번째 방해
휘발유를 꺼낼 방법은 무엇인가?

사막 횡단 대회에서 우승을 하겠다고 굳게 마음먹고 출발한 썰렁홈즈. 그런데 이게 웬일? 그만 예비 휘발유를 가지고 온다는 것을 깜박 잊어버린 것이다. 잘못하다가는 사막에서 차가 멈춰 꼼짝하지 못할 수도 있다. 이때 생뚱맞게 사막 지킴이 '모래아리 까끄르'가 등장했다.

"이런……. 사막 횡단 대회는 처음인가 보군. 휘발유는 미리미리 챙겼어야지. 나한테 휘발유가 있는데 조금 나눠 줄까? 여기 휘발유가 담겨 있는 유리병이 있지. 마음껏 가져가 쓰라고. 하지만 조건이 있어. 이 병의 마개를 잡아 빼거나 깨뜨리지 말고 휘발유를 가져갈 것! 음하하하!"

휘발유는 커다란 병에 담겨 있었다. 그 정도면 사막을 충분히 횡단할 수 있는 양이었다. 그런데 웬걸? 장난하는 것도 아니고, 마개를 잡아 빼거나 병을 깨뜨리지 말고 휘발유를 가져가라고? 도대체 어떻게 하란 말인가? 코르크로 만든 마개에 혹시 무슨 비밀 장치라도 만들어 놓은 것일까? 하지만 생각만 잘하면 의외로 쉬운 문제일 수 있다.

물을 담을 시간은 17분

두 번째 방해

사막을 어느 정도 건너왔을까? 썰렁홈즈는 너무 덥고 힘들어 지쳐 버렸다. 게다가 물도 떨어지고……. 거의 쓰러지기 일보 직전의 썰렁홈즈. 하지만 행운의 여신은 썰렁홈즈의 편? 모래 언덕을 넘어서니 눈앞에 조그만 오아시스가 보이는 게 아닌가? 썰렁홈즈는 힘을 내어 오아시스까지 달렸다. 하지만 기쁨도 잠시. 오아시스의 주인인 사막의 악동, 모래아리 까끄르가 썰렁홈즈를 가로막았다.

"물이 필요한가? 그래, 여기에 있는 물을 먹게 해 주지. 하지만 정확하게 17분 동안만 물을 떠야 한다. 이곳에는 물이 부족하거든. 그 시간을 어기면 물을 한 방울도 줄 수 없다~!"

썰렁홈즈에게 주어진 도구는 두 개의 모래시계. 하나는 7분짜리, 하나는 12분짜리 모래시계였다.

두 개의 모래시계로 어떻게 17분을 정확히 잴 수 있을까?

네 번째 방해

어떤 낙타가 빠를까?

찌는 듯한 더위와 험난한 지형을 헤치고 나오느라 썰렁홈즈도 많이 지쳤다. 자동차도 이제는 쓸모없을 정도가 돼 버렸다. 이제 남은 것은 대회의 마지막 코스. 100m 앞에 있는 선인장을 90도 꺾어 돌아서 다시 100m 앞에 있는 결승점을 통과하는 것. 대신 낙타를 타고 달려야 한다. 낙타를 가지고 있는 상인 역시 사막 지킴이 모래아리 까끄르였다.

"여기 두 마리 낙타가 있지. 이쪽 낙타는 한 번에 2m를 뛰고, 저쪽 낙타는 3m를 뛰지. 대신 2m를 뛰는 낙타는 3m를 뛰는 낙타가 두 번 뛸 때, 세 번을 뛰지. 어떤 낙타를 선택해야 빨리 도착할 수 있을까?

썰렁홈즈가 조금이라도 빨리 결승점으로 들어가기 위해서는 어떤 낙타를 타야 할까? 한 번의 선택이 썰렁홈즈의 우승을 좌우한다~!

때는 1970년 중반. 월간 뉴저지 기자인 스티븐 레비가 성급히 썰렁홈즈를 찾아왔다. 이유는 아인슈타인의 뇌 조각을 가져간 과학자들을 함께 찾아보자는 것. 아인슈타인의 검시를 담당한 토머스 하비 박사는 연구를 위해 세 명의 과학자에게 뇌 조각을 나눠 주었고, 스티븐 레비는 세 명의 과학자들이 아인슈타인의 뇌 조각을 통해 무엇을 알아냈는지 세상에 알리겠다는 것이다. 평소 아인슈타인을 존경하던 썰렁홈즈는 스티븐 레비와 함께 세 명의 과학자를 찾아 나섰다. 과연 아인슈타인의 뇌에는 어떤 비밀이 숨겨져 있을까? 혹시 무슨 보물 지도라도 있는 것은 아닐까?

첫 번째 비밀

뇌 조각 속에 미로가 있다?!

썰렁홈즈는 가장 먼저 버클리대학교의 매리언 다이아몬드 박사를 찾아갔다. 박사는 스티븐 레비 기자와 썰렁홈즈를 반갑게 맞이하고는 문을 단단히 걸어 잠갔다. 뭔가 중요한 비밀이 있다는 뜻이었다. 박사의 집에는 조그만 연구실이 있었고 그 안에는 커다란 그림 같은 것이 있었다.

"아인슈타인 박사의 뇌 조각을 자세히 관찰해 보니, 무슨 미로 같은 것이 나왔답니다. 그 미로는 어떤 알파벳 문자를 가리키지요."

아인슈타인의 뇌 속에 미로가? 그 미로 끝에 있는 문자는 과연 무엇을 의미할까?

두 번째 비밀
숫자들이 의미하는 것은 무엇인가?

뇌 속에 담긴 미로를 본 스티븐 레비와 썰렁홈즈는 무엇인가를 알아내고는 다시 길을 나섰다. 이번에는 앨라배마 대학교의 브리트 앤더슨 박사를 찾아갔다.

"아인슈타인 박사는 정말 타고난 천재입니다. 저는 뇌 조각 속에서 여러 가지 숫자의 조합을 알아냈답니다. 무슨 숫자들의 나열 같은데, 일정한 규칙이 들어 있더라고요. 그중 한 개의 숫자가 비어 있었지요. 이건 상상할 수 없는 일입니다!"

미로에 이어 이번에는 숫자들의 조합? 그중 빠져 있는 한 개의 숫자는 무엇일까? 썰렁홈즈와 함께 다시 한번 아인슈타인 뇌에 담긴 비밀을 찾아보도록 하자.

0, 1, 1, ☐, 3, 5, 8, 13, 21…

비밀 편지를 담은 뇌 조각

기대했던 것보다 더 놀라운 비밀이 담겨 있는 아인슈타인의 뇌. 썰렁홈즈와 스티븐 레비는 비밀을 알아내면서 식은땀까지 흘렸다. 이 모든 사실을 세상에 알리면 분명 역사에 남을 위대한 사건이 되리라는 생각이 들었다. 그런 생각들로 흐뭇해하며 세 번째 과학자인 맥마스터대학교의 위텔슨 박사를 찾아갔다.

"제가 발견한 것은 더욱 놀라운 것입니다. 아인슈타인의 뇌 조각에는 어떤 문자들이 들어 있었어요. 무슨 비밀 편지 같은 것이었죠. 우연이었을까요? 아니면 누군가 아인슈타인의 뇌에 이런 것을 심어 놓았을까요? 사실 이것은 어떤 알파벳 문자를 뜻합니다."

과연 비밀 문자 속에 담긴 알파벳은 무엇일까?

네 번째 비밀
아인슈타인의 공식

　미로에서 비밀 편지에 이르기까지 아인슈타인의 뇌 조각을 통해 알아 낸 사실은 정말 믿을 수가 없는 일들이었다. 썰렁홈즈와 스티븐 레비는 마지막으로 프린스턴 병원의 엘리엇 크라우스 박사에게로 갔다. 이곳에는 아인슈타인의 뇌가 보관되어 있기 때문이다. 뇌 조각이 아니라 뇌 자체를 보관하고 있다면 어쩌면 더욱 놀라운 비밀을 알아낼 수도 있다는 생각 때문이었다. 엘리엇 크라우스 박사 역시 약간 긴장을 한 듯 홈즈를 맞아 주었다.

　"믿기 어렵겠지만 뇌 전체를 연구하던 중에 놀라운 사실을 또 하나 밝혀냈답니다. 어떤 암호 같은 것이었는데 해석을 해 보니 다음과 같았답니다."

　'**미로를 통과하고 숫자의 길을 걷고 비밀 편지를 읽고 뇌를 보관한 통의 첫 글자를 기억하라. 그러면 그것이 공식이니라.**'

　아인슈타인의 뇌는 처음 코스터 사과주(Costa Cider)라고 쓰인 곳에 보관되어 있었다. 과연 암호에 담긴 공식이란 무엇을 말하는 것일까?

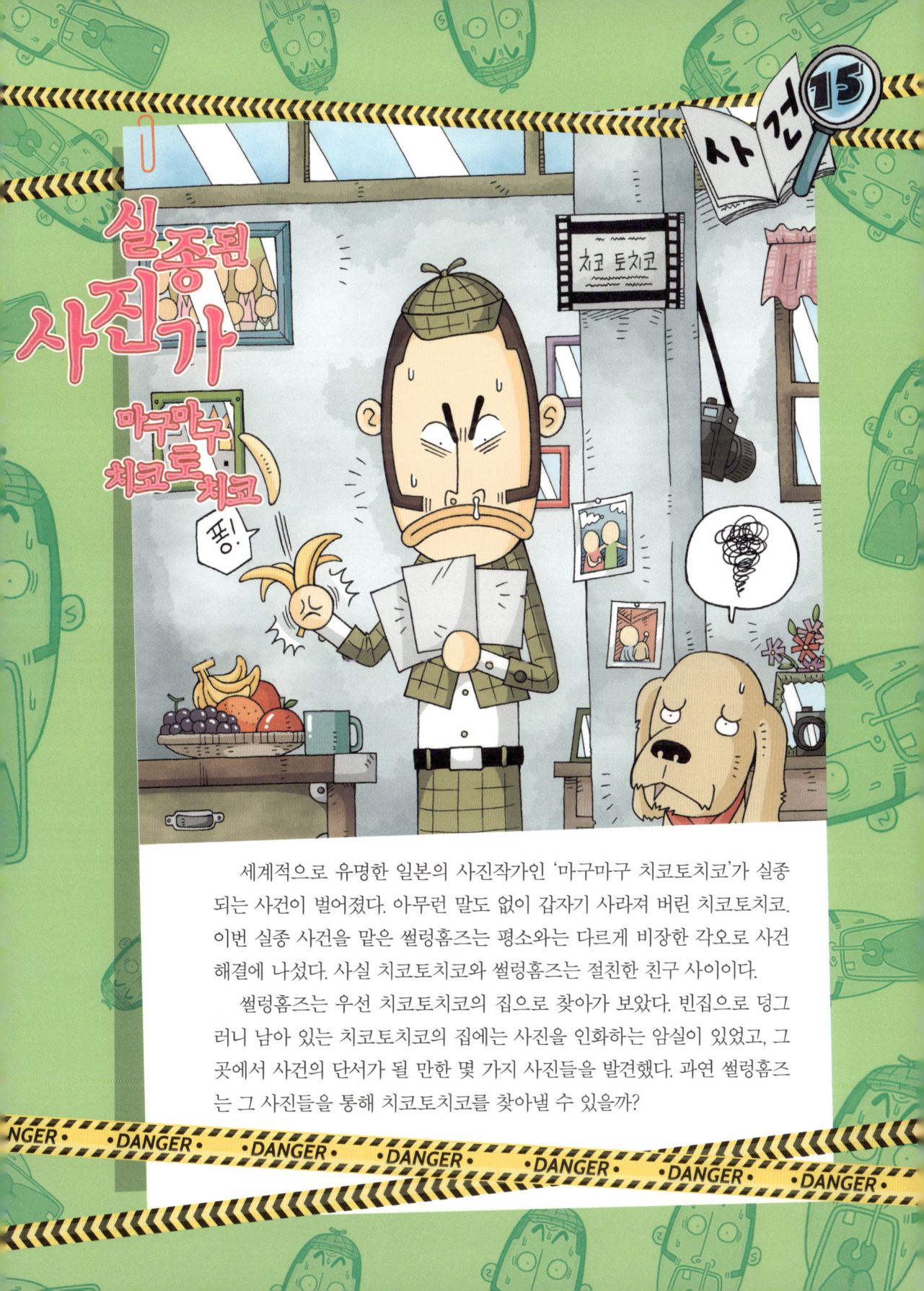

실종된 사진가
마구마구 치코토치코

세계적으로 유명한 일본의 사진작가인 '마구마구 치코토치코'가 실종되는 사건이 벌어졌다. 아무런 말도 없이 갑자기 사라져 버린 치코토치코. 이번 실종 사건을 맡은 썰렁홈즈는 평소와는 다르게 비장한 각오로 사건 해결에 나섰다. 사실 치코토치코와 썰렁홈즈는 절친한 친구 사이이다.

썰렁홈즈는 우선 치코토치코의 집으로 찾아가 보았다. 빈집으로 덩그러니 남아 있는 치코토치코의 집에는 사진을 인화하는 암실이 있었고, 그곳에서 사건의 단서가 될 만한 몇 가지 사진들을 발견했다. 과연 썰렁홈즈는 그 사진들을 통해 치코토치코를 찾아낼 수 있을까?

필름 속 사진은 어떤 것?

치코토치코의 암실은 누군가 금방 사진 작업을 하다가 사라진 것 같은 분위기였다. 가장 먼저 썰렁홈즈의 눈에 띈 것은 벽에 붙어 있는 여러 장의 사진이었다. 보기에는 같은 사진을 여러 장 뽑아 놓은 것 같았지만 뭔가 조금은 다른 것 같았다. 그 사진들 위에는 필름이 한 장 놓여 있었다.

"그래. 같은 사진이 여러 장 있다는 것은 뭔가 진짜 사진과 다른 사진을 헷갈리게 하기 위해서 일 거야. 그게 사건의 실마리가 될 수도 있겠어."

위의 필름으로 인화한 사진은 과연 어떤 것일까? 그리고 그 사진은 실종 사건의 실마리가 될 수 있을까?

비워 둔 다음 사진은 무엇인가?

암실 책상 서랍을 열어 보니 아래 그림처럼 몇 장의 사진이 들어 있었다. 사진은 같은 장면을 부분부분 나누어 찍은 것이었다. 사진들은 책상 서랍 속에 순서대로 놓여 있었으나 중간에 한 장이 비어 있었다. 그런데 다행히 빈 곳에 어울리는 사진이 여러 장 있었다는 것이다. 빈 곳에 꼭 맞는 한 장의 사진은 과연 몇 번 사진일까? 썰렁홈즈는 사진에 나오는 선수들의 번호에 어떤 연관성이 있다는 것을 알아냈다. 과연 어떤 사진이 맞는 사진일까? 그리고 그 사진이 의미하는 것은 무엇일까?

99

사진가의 자화상

다른 서랍을 열어 보니 비슷하게 생긴 여러 장의 사진이 또 나왔다. 사진은 치코토치코 자신을 찍은 자화상이었다. 사진기가 그대로 놓여 있는 것으로 보아 방 안에서 찍은 것이 분명했다. 그런데 비슷한 사진이 여러 장 있다는 것이 문제였다. **자신을 찍은 여러 장의 사진 중 방 안의 모습과 같은 것은 몇 번일까?** 그리고 그 사진은 과연 무엇을 뜻하는 것일까? 사건의 단서가 하나하나 발견되면서 뭔가 그 비밀이 밝혀지는 것 같은데…….

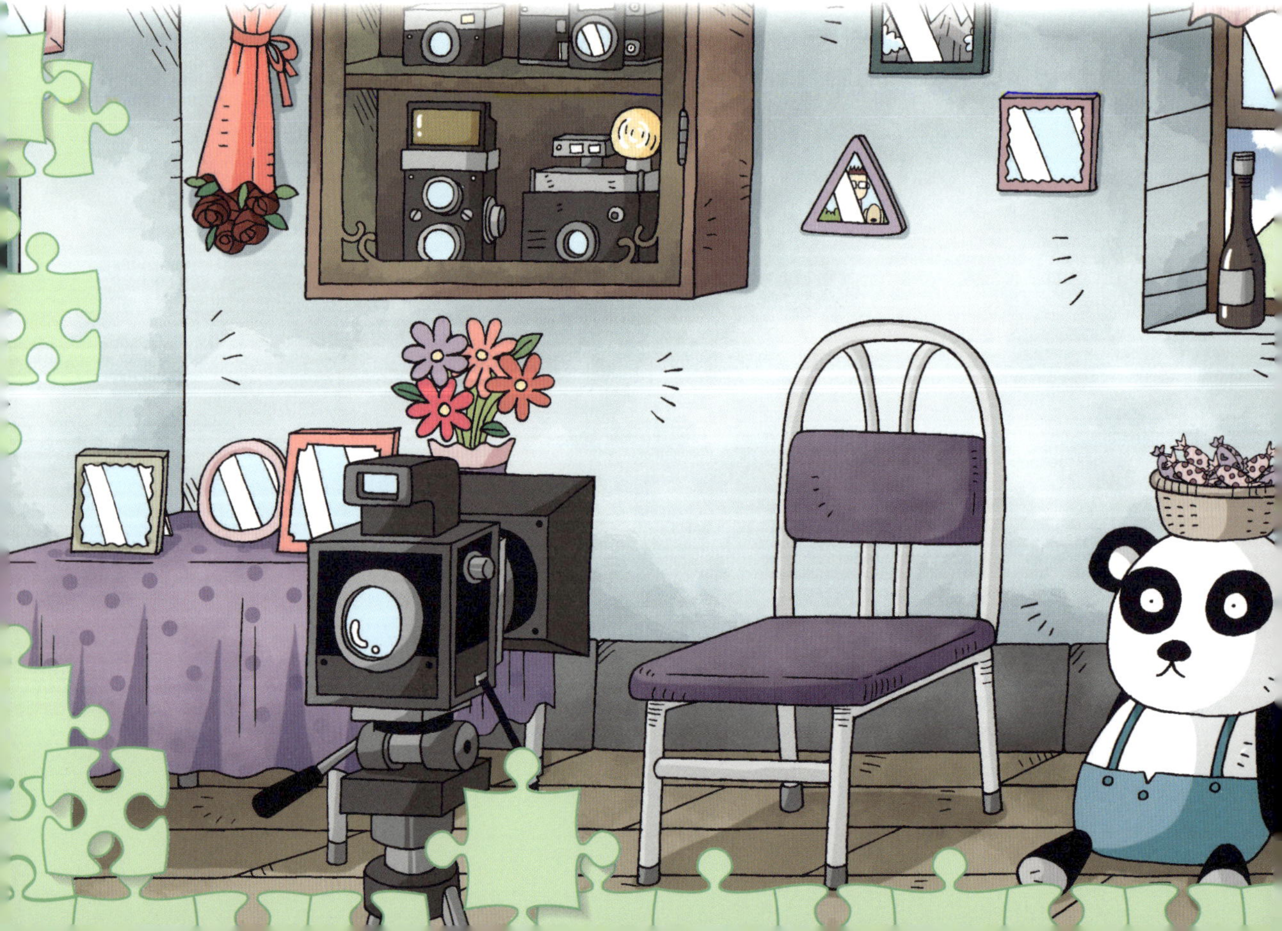

결정적인 단서

앞에서 알아낸 세 장의 사진에는 과연 어떤 의미가 담겨 있는 것일까? 생각에 빠진 썰렁홈즈는 드디어 결정적인 단서를 찾아냈다. 거실에 자기와 치코토치코가 함께 찍은 사진이 걸려 있었는데, 사진에는 이런 문구가 적혀 있었다.

"찾아낸 사진을 모두 연결하게나."

무슨 뜻일까? 지금까지 찾아낸 사진들을 연결하면 무엇이 나타날까? 썰렁홈즈는 찾아낸 세 장의 사진을 펼쳐 보았다. 세 장의 사진과 또다시 발견한 거실의 사진. 이 모두를 연결하면 어떤 것이 나타날까?

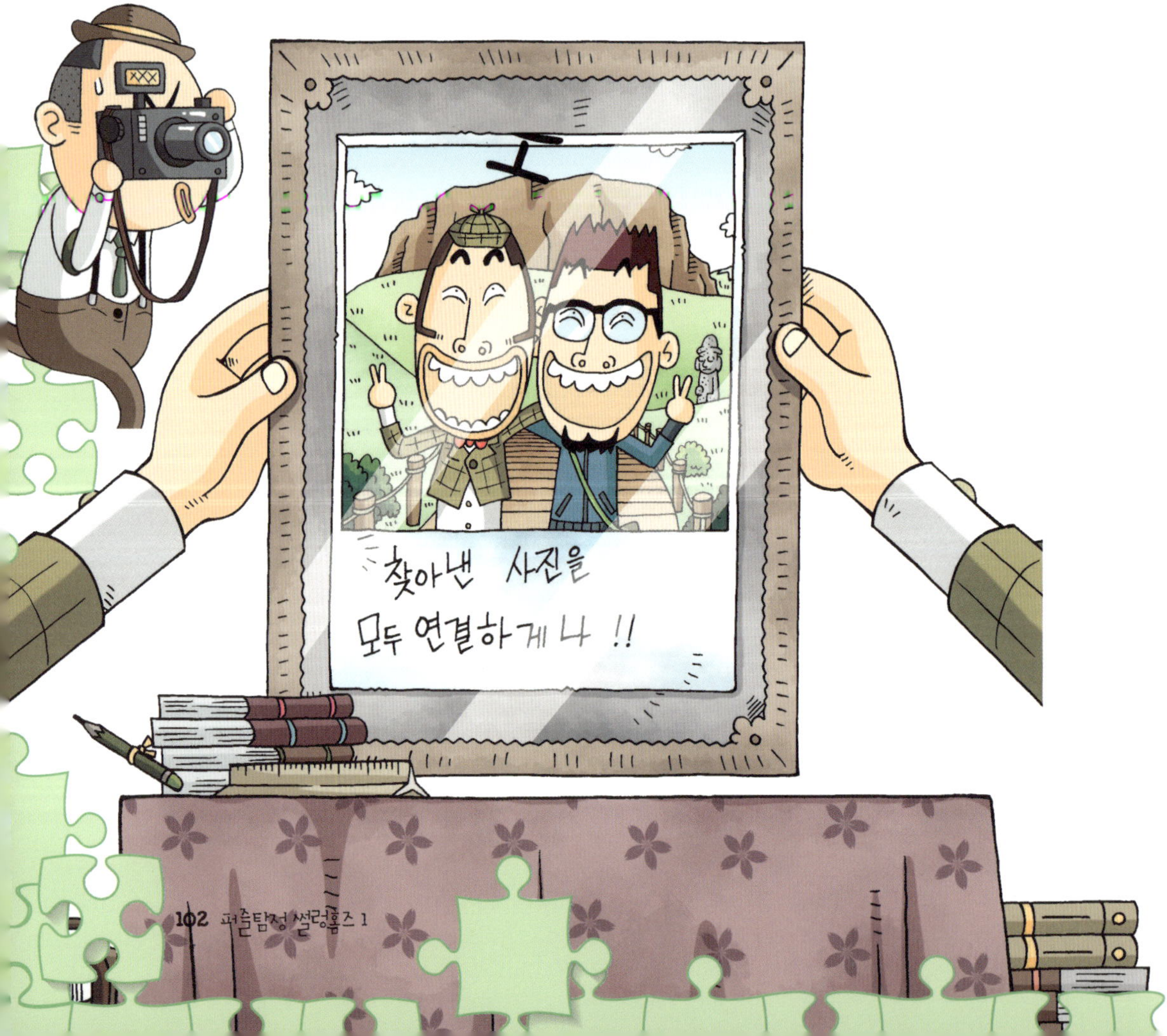

　　태평양의 아주 조그만 섬나라인 싸울랜드 공화국. 나라 이름에서도 알 수 있듯이 이 나라에서는 언제나 싸우는 소리로 시끌벅적하다. 그런데 이 곳 싸울랜드의 왕인 '너팰레옹'이 심각한 고민에 빠졌다. 자신의 딸인 '피가나' 공주가 복잡한 싸움에 휘말려 버린 것이다. 방법을 찾지 못한 왕은 좋은 생각을 떠올렸다. 싸움을 해결하는 사람을 싸울랜드 최고의 미녀인 피가나 공주와 결혼시키고 왕자로 삼겠다는 것.

　　이 소식을 들은 썰렁홈즈는 싸움을 해결하기 위해 나섰다. 이번 문제를 해결하면 썰렁홈즈도 드디어 결혼을 하고 왕자가 될 수 있는 기회였다. 과연 썰렁홈즈가 해결할 수 있을까? 그리고 드디어 결혼을?

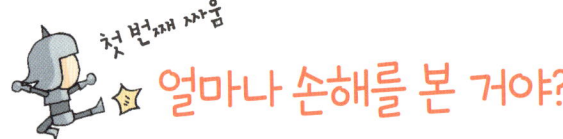

얼마나 손해를 본 거야?

피가나 공주는 이웃 나라의 공주 '나몰라'에게 10,000원을 빌려주었다. 그런데 나몰라 공주는 돈을 갚는 대신 12,300원짜리 자신의 새 옷을 선물로 주었다. 피가나 공주는 "그럼 내가 빌려준 10,000원을 뺀 2,300원만 주면 되겠구나?" 하고 2,300원을 나몰라 공주에게 주었다. 그런데 나몰라 공주는 다른 나라의 왕자와 결혼해서 떠나 버렸다. 그로부터 며칠 후, 피가나 공주는 그 옷이 나몰라 공주의 것이 아니라 또 다른 나라의 '시침떼라' 공주의 것임을 알게 되었다. 피가나 공주는 할 수 없이 시침떼라 공주에게 옷값으로 12,300원을 주었다. 화가 난 피가나 공주는 자신이 손해 본 돈을 돌려받기 위해 나몰라 공주에게 찾아 가려고 한다. **피가나 공주는 얼마를 손해 본 것일까?**

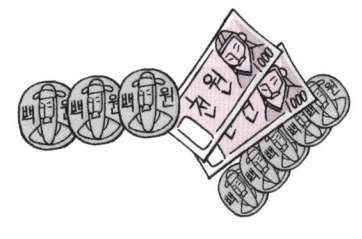

어떤 과일이 들어 있을까?

"한 통에는 바나나를, 또 한 통에는 키위를,
또 다른 한 통에는 키위와 바나나를 섞어 담았다.
그러나 그림과는 전혀 다르게 담겨 있다.
한 통만 열어 어떤 통에 무엇이 담겨 있는지 알아내라~!"

피가나 공주는 나몰라 공주를 찾아 떠났다. 그런데 문제가 생겼다. 구두쇠로 소문난 과일 장수 '다파라몽조리'와 또 싸움이 난 것이다. 성급하게 길을 가다가 부딪혀 바나나와 키위를 담은 통들을 모두 엎어 버린 것이다. 공주는 한 통에는 바나나만을, 다른 한 통에는 키위만을, 또 다른 한 통에는 바나나와 키위를 섞어 담았으나 각각 전혀 다른 그림의 통에 넣고 닫아 버리는 실수를 했다. 그런데 과일을 담은 통은 한 번 뚜껑을 열면 못 쓰게 되어 있었다. 난처한 상황이었다. 과일을 담은 통의 뚜껑을 **하나만 열어 보고 나머지 통에 무엇을 담았는지 알아낼 방법은 없을까?**

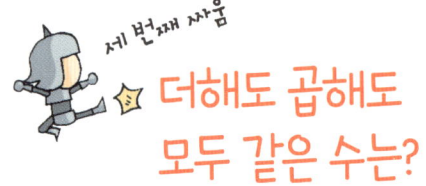

세 번째 싸움
더해도 곱해도 모두 같은 수는?

피가나 공주는 과일 장수와 다투고 나서 그냥 자신의 성으로 돌아와 버렸다. 그런데 이번에는 새침데기 여동생 '피만나' 공주가 시비를 걸어 왔다.

"언니, 또 셈을 못 해서 나몰라 공주한테 당했다며? 그러게 평소에 수학 공부 좀 열심히 하지 그랬어?"

"뭐라고? 넌 얼마나 잘해서 그러니? 조그만 게 까불고 있어."

"그럼 언니, 내가 내는 문제 알아맞혀 봐. 정답을 맞히면, 언니가 손해 본 돈을 내가 줄게. 하지만 틀리면 언니가 받은 옷을 나에게 선물로 줘야 해. 알았지? 그럼 문제 낼게. 여기 세 개의 빈칸이 있어. 서로 더한 값과 서로 곱한 값이 같아지려면 세 개의 빈칸에는 어떤 숫자가 와야 할까?"

"같은 색깔의 유리 구두는 무게가 같다. 각 줄의 유리 구두 무게의 합은 같다. 맨 밑줄에 없어진 유리 구두의 색깔은?"

네 번째 싸움
없어진 유리구두는 어떤 것?

피가나 공주를 더욱 화나게 하는 사건이 또 하나 벌어졌다. 공주의 취미는 유리 구두를 모으는 것. 그것도 빨강, 파랑, 노란 색깔의 유리 구두만 모은다. 그런데 신발장 맨 위의 유리 구두 하나가 없어진 것이다. 문제는 어떤 색깔의 유리 구두가 없어졌는지 기억을 못 한다는 것. 한 가지 단서는 같은 색깔의 유리 구두는 서로 무게가 같고, 색깔이 다르면 무게도 다르다는 것. 또 신발장 각 줄에 놓인 유리 구두 무게의 합이 모두 같다는 것이다. 즉 신발장에 놓여 있는 신발들의 무게를 각각 더하면 모두 같다는 것이다. 그렇다면 과연 맨 위 신발장에서 사라진 유리 구두는 어떤 색깔일까?

'지페로 코푸러스카'의 부자 되는 비결

바야흐로 결실의 계절인 가을이다. 사람들의 표정에는 여유가 가득한데 오직 한 사람만이 울상이다. 그는 바로 썰렁홈즈이다. 요 몇 달 동안 돈이 되는 사건 의뢰를 못 받았기 때문이다. 매일매일 라면으로 끼니를 때우다가 지친 썰렁홈즈는 '꼭 부자가 되고 말겠어.'라는 결심을 하게 된다. 하지만 어디 부자 되기가 쉽나? 부자가 되는 방법을 알기 위해서는 부자에게 직접 물어보는 것이 최고였다. 썰렁홈즈는 재산이 많기로 소문난 사람들을 찾아서 직접 비결을 물어보기로 한다. 하지만 소문난 부자들이 쉽사리 부자가 되는 방법을 가르쳐 줄 리는 없지.

썰렁홈즈가 부자 되는 비결을 알아내기 위해서는 부자들이 내는 퀴즈를 풀어야 한다. 세계 유명 갑부들이 돈을 많이 버는 비결은 무엇일까?

첫 번째 비결
하루아침에 부자 되기

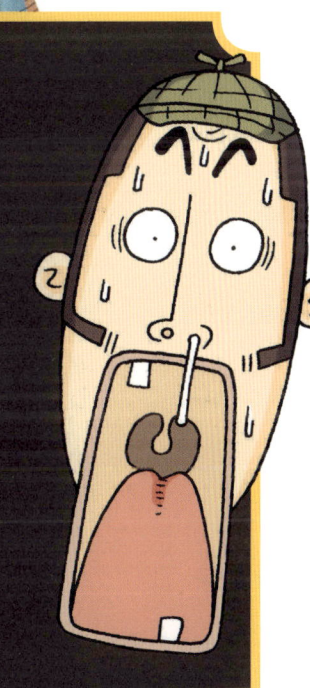

썰렁홈즈가 처음 찾아간 부자는 프랑스의 '도느로 도베'였다. 그는 집 안의 벽이란 벽은 모두 지폐로 도배를 할 정도로 엄청난 부자이다. 소문으로는 하루아침에 부자가 되었다는데 그 비결은 뭘까? 도느로 도베는 종이에 무언가를 끄적끄적 쓰더니 썰렁홈즈에게 내보였다. 네 개의 퀴즈를 푼 후 각 정답의 앞 글자를 합치면 그가 부자가 된 비결이 나온다는데……. 후, 퀴즈의 달인 썰렁홈즈에게 이 정도는 땅 짚고 헤엄치기지. 부자 되기 너무 쉬운 거 아냐~?

두 번째 비결
머리를 굴려야 부자가 된다?

첫 번째 퀴즈는 쉽게 풀었다. 하지만 그 비결은 썰렁홈즈에게 도움이 되지 않았다. 썰렁홈즈는 열심히 일해서 돈을 벌고 싶었기 때문이다. 썰렁홈즈가 두 번째로 찾아간 부자는 러시아의 젊은 재벌 '지페로 코푸러스키'였다. 젊은 나이에 거대한 인터넷 쇼핑몰의 사장이 된 천재였다. 그런데 지페로 코푸러스키가 퀴즈를 적어 내민 종이의 표 안에는 단지 숫자 여덟 개만 적혀 있었다. 숫자 밑의 칸에 숫자가 의미하는 것을 적어서 합치면 비결이 나온다는데……. 천재가 낸 퀴즈인 만큼 만만치 않다. 유일한 단서는 그가 준 힌트!

"파란 숫자는 자음, 빨간 숫자는 모음."

세 번째 비결
부자가 되는 평범한 원리

"퀴즈에 숨은 원리만 알면 금세 풀리잖아?" 만만치 않은 두 번째 퀴즈였지만 원리를 깨닫자 순식간에 풀렸다. 이번에 알아낸 비결은 정말 부자가 될 수 있는 중요한 것이었다. 하지만 썰렁홈즈는 다음 부자를 찾아 길을 떠났다. 돈을 휴지 쓰듯 하는 코푸러스키의 행동이 마음에 들지 않았던 것이다.

세 번째로 찾아간 부자는 나이가 지긋한 일본인 할머니인 '겐자이 아키네'였다. 평생을 검소하게 살아온 아키네는 퀴즈를 낸다고 하더니 망원경으로 네 명의 사람을 관찰하라고 했다. "이 사람들이 진정한 부자일세. 네 사람 말 속에서 직업과 관련된 한 글자씩을 찾아 순서대로 조합하면 부자가 되는 비결인 네 글자 단어를 찾을 수 있을 거야. 홀홀홀~."

네 번째 비결

도대체 언제 돌아가신 거야?

　세 번째 퀴즈의 정답은 고개가 절로 끄덕여지는 비결이었다. 하지만 썰렁홈즈 역시 그렇게 살아왔다고 자부할 수 있지 않은가? 고뇌하는 썰렁홈즈의 어깨를 토닥이며 아키네는 그리스의 전설적인 부자 '싸그리오 저그메우스'를 찾아가 보라고 했다.
　세계 최고의 부자라는 저그메우스의 저택에 도착한 썰렁홈즈. 하지만 썰렁홈즈는 아연실색할 수밖에 없었다. 저그메우스가 이미 죽었기 때문이다. 하지만 저그메우스는 썰렁홈즈가 올 것을 예상했는지 금고 속에 부자의 비결이 적힌 종이를 넣어 두었다고 했다. 금고의 비밀 번호는 저그메우스가 죽은 날짜라는데……, 이게 황당하기 그지없다. 저그메우스가 죽은 날은 언제일까?

골탕 먹는 '꿈자리네이션'에서의 모험

썰렁홈즈는 며칠째 이상한 악몽에 시달리고 있었다. 세계 여행을 하는 꿈인데, 찾아간 나라는 이상한 사람들만 모여 살고 있는 '꿈자리네이션'이었다. 잠이 들면 항상 같은 꿈을 꾸고 그 꿈에 나오는 어떤 문제를 풀지 못하면 계속 같은 꿈이 반복된다는 것이다. 썰렁홈즈는 더 이상 악몽에 시달리기 싫어서 다시 꿈속으로 들어가 문제를 해결하기로 했다. 썰렁홈즈의 악몽은 어떤 것일까? 썰렁홈즈가 악몽에서 깨어 나올 수 있도록 여러분이 도와주는 것은 어떨까?

악몽 1
못난이 형제의 나이는?

꿈속에서 나오는 첫 번째 장면은 어떤 형제의 등장이었다. 마치 쌍둥이처럼 닮았으나 나이가 달라 보이는 형제였다.

"셜렁홈즈 아저씨, 저희들은 거꾸로 가는 시간 속의 못난이 형제랍니다. 저희 나이를 알아맞혀 보세요."

정말 무슨 꿈이 이럴지? 하여간 홈즈는 못난이 형제의 말을 들어 보기로 했다.

"제 나이에서 하나를 떼어 동생에게 주면, 우리 두 사람의 나이가 같아져요. 대신 동생의 나이에서 하나를 떼어 제게 주면 두 배 차이가 나지요. 동생과 저는 각각 몇 살일까요?"

못난이 형제의 나이를 알아맞히는 문제. 어떻게 보면 간단하기도 하고 어떻게 보면 복잡해 보이기도 하다. 형과 동생은 도대체 몇 살일까?

악몽 2

아버지가 아니라고?!

    못난이 형제에 이어지는 꿈은 못생긴 할아버지 문제였다. 정말 세상에서 가장 못생긴 것 같은 할아버지가 나타나 이상한 얘기를 꺼냈다.

    "여보게 젊은이, 내 말 좀 들어 보게나. 얼마 전에 내가 지갑을 잃어버렸다네. 그런데 알고 보니 그 못난이 형제들의 짓이 아니겠어? 그래서 내가 따끔하게 혼내 주려고 경찰에 신고했다네. 경찰은 보호사를 오라고 했고, 한 사람이 나타났지. '얘들이 당신 아들 맞지?' 하고 경찰이 묻자 '맞다'고 하더군. 그래서 경찰이 다시 두 형제에게 '너희 아버지가 분명하냐?' 라고 했더니 글쎄, '우리 아버지가 아니에요!'라고 하는 거야. 도대체 이게 말이나 되는 소린가?"

    어찌된 일일까? 두 형제가 거짓말을? 거짓말이 아니라면 이 사람은 두 형제와 무슨 관계인가?

악몽 3
썰렁홈즈의 몸무게는?

이어지는 꿈은 더욱 이상한 꿈이었다. 이번에는 못난이 형과 동생, 할아버지, 경찰관, 그리고 썰렁홈즈가 몸무게를 재게 된 것이다. 그런데 **동생의 몸무게는 할아버지보다 무겁고 썰렁홈즈는 경찰관보다 무겁고 할아버지는 못난이 형과 홈즈를 합한 것과 같았다.** 순서에 관계없이 몸무게를 재어 보니 각각 160kg, 120kg, 90kg, 50kg, 30kg이 나왔다. 그렇다면 꿈속에서 잰 썰렁홈즈의 몸무게는 과연 얼마일까?

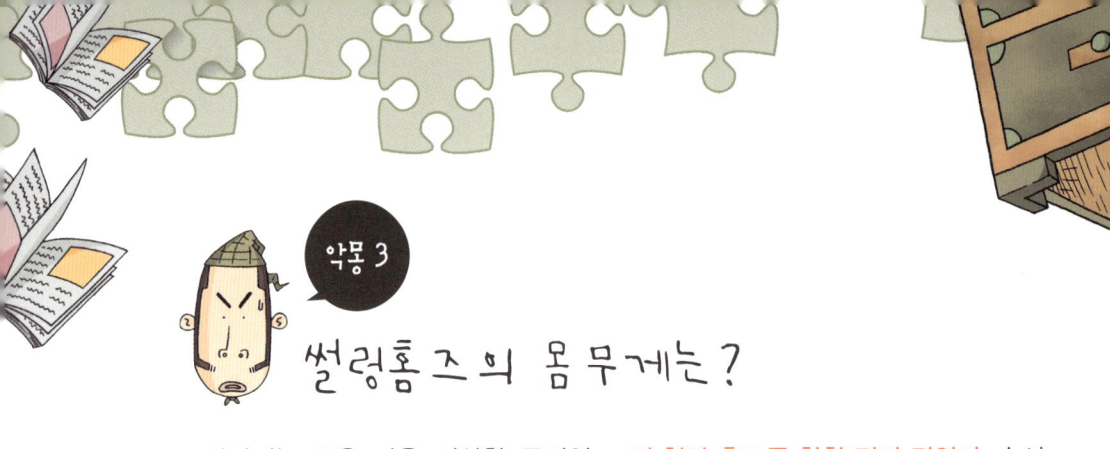

악몽 4
복권에 당첨되다~!

썰렁홈즈는 꿈속에서 복권에 당첨되었다. 그것도 1등에~! 흥분한 썰렁홈즈는 일단 꿈에 그리던 전용 비행기를 샀다. 전용 비행기의 가격은 당첨금의 절반이었다. 그리고는 다시 멋진 스포츠카도 샀다. 물론 영화에서 나오는 것과 같은 첨단 장비를 갖춘 스포츠카였다. 이번에도 남은 돈의 절반을 썼다.

그리고 이번에는 멋진 옷을 한 벌 샀다. 전용 비행기와 멋진 스포츠카를 타려면 이 정도의 옷은 입어야 한다는 생각이 들어서 남은 돈의 절반을 들여서 옷을 산 것이다.

이렇게 돈을 쓰고 나니 주머니에는 100만 원짜리 수표 석 장과 현금 277,800원이 남아 있었다. 그런데 그때 어디선가 아까 만났던 못난이 형제의 목소리가 들리는 것이었다.

"썰렁홈즈 아저씨, 꿈에서 깨어나려면 1등 당첨금의 액수만큼 눈을 감고 양들의 수를 세어야 해요~!"

악몽에서 깨어나려면 복권 당첨금 액수를 알아야 한다고? 그리고 당첨금 액수만큼 눈을 감고 양들의 수를 세어야 한다고? 정말 악몽이야~!

중국 최고의 만두 요리사 '만둥찐당'

최고의 요리 비법 1

만두소를 잘 보면 여러 가지 재료의 일부분이 나타나 있다. 그중 양말은 만두소를 만드는 데 사용하지 않았다.

최고의 요리 비법 3

종업원이 가진 200원은 세 사람이 낸 2,700원에 포함된다. 세 사람이 낸 2,700원에 종업원이 가진 200원을 더 하는 것은 말이 안 된다. 실제 돈이 있는 곳을 찾아보자.

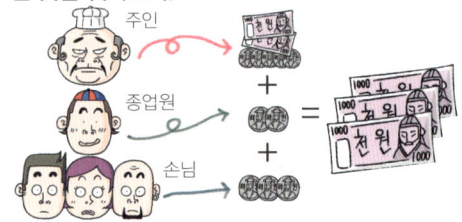

최고의 요리 비법 2

1번 접시에서 한 개, 2번 접시에서 두 개, 3번 접시에서 세 개, 4번 접시에서 네 개, 5번 접시에서 다섯 개의 만두를 꺼내서 한꺼번에 무게를 잰다. 이렇게 열다섯 개의 만두 무게를 한꺼번에 쟀을 때 무게가 모두 5g으로 같다면 75g이 될 것이다. 하지만 한 접시의 만두 무게는 다른 만두보다 1g 작기 때문에 무게는 이보다 줄어든다. 만약 전체 무게가 74g이라면 한 개의 만두를 꺼낸 첫 번째 접시의 만두가, 73g이면 두 개의 만두를 꺼낸 두 번째 접시의 만두가 무게가 작다.

최고의 요리 비법 4

6번 문을 따라가 보면 제자 임명장이 있는 곳으로 가게 된다. 여러분에게도 행운이?

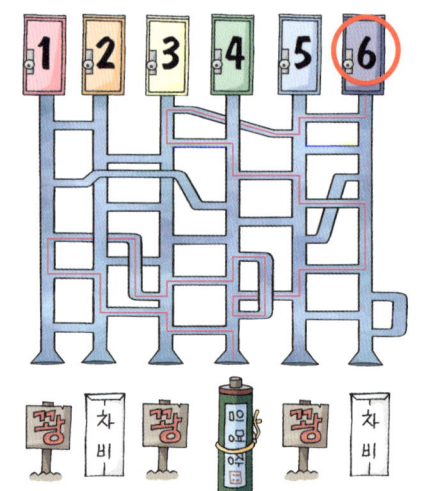

중국 최고의 만두 요리사

문제에 나온 만두가 조금 엽기적이었다고요? 과장되기는 했지만 중국에는 원숭이 머리, 곰 발바닥, 모기 눈알로 만든 음식도 있답니다. 하여간 썰렁홈즈 덕분에 마시업떵은 만둥찐당의 제자가 될 수 있었답니다. 썰렁홈즈 임무 완수!

'그리믄 다모아스키'의 도둑맞은 그림

단서1의 정답

발자국을 자세히 보자. 가장 중요한 것은 신발의 모양이다. 앞부분이 둥글고 뒷부분은 각이 져 있다. 다섯 명의 용의자 중에서 세 명의 용의자 신발 모두 앞부분이 둥글고 뒷부분은 각이 져 있다. 범인은 이 세 명 중의 한 사람이다.

단서2의 정답

지문을 잘 살펴보도록 하자. 물론 지문의 일부가 지워져 있기는 하지만 자세히 보면 알 수 있다. ❶, ❹, ❺번 용의자는 지문의 모습이 다르다. ❷, ❸번 용의자는 물론 지문은 서로 다르지만 손잡이에 찍힌 지문이라고 의심할 수 있다.

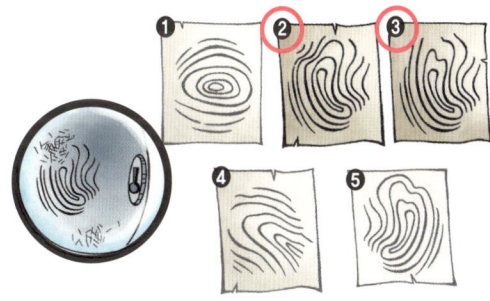

단서3의 정답

담을 넘으면서 보인 모습에서 중요한 것은 손과 발의 모습이다. 발은 이미 발자국에서 본 것과 같다. 손의 특징은 유난히 굵은 엄지손가락이다. 그리고 정원사가 말한 모습은 범인의 왼쪽 모습이다.

단서4의 정답

머리카락의 길이는 길고 짧은 것이 그리 문제가 되지 않는다. 머리카락은 잘라서 짧아질 수도 있는 것이지만 염색을 하지 않는 한 색깔은 변하지 않는다. 단서의 머리카락처럼 검정 색깔의 머리카락을 가진 ❷, ❹, ❺번 용의자 중에 범인이 있다.

단서5의 정답

CCTV 속 범인의 모습에서 뚜렷하게 나타나는 것은 머리의 모습이다. 물론 어둡기 때문에 색깔이 중요하지는 않다. CCTV에서 나타난 것처럼 뒷머리가 둥글고 파마를 한 모습의 용의자는 ❶, ❸, ❹번 용의자이다.

단서로 찾은 범인을 다시 한 번 정리해 보자.

❶번 용의자는 단서 1, 3, 5가 일치하고, ❷번 용의자는 단서 1, 2, 4가 일치한다. ❸번 용의자의 경우 거의 모든 단서가 일치하지만 머리카락의 색깔이 다르다. ❹번 용의자는 단서 4, 5 ❺번 용의자는 단서 3, 4만 일치한다. 이상하게도 모든 단서를 만족한 사람은 단 한 사람도 없었다. 그럼 어떻게 된 것일까?

여기서 잠깐~! 썰렁홈즈가 처음부터 의심했던 인물은 바로 정원사 짜르나무 또짜르스키였다. 평소 주인에 대한 감정이 좋지 않았던 정원사는 일부러 그림을 훔쳐서 골탕을 먹이려 한 것이다. 또 썰렁홈즈의 능력을 시험해 보고 싶어 자신의 모습을 범인의 모습으로 슬쩍 단서를 던진 것이었다. 앞의 단서3에서 정원사의 모습을 자세히 살펴보라.

도나카와 안스네가 남긴 유산

 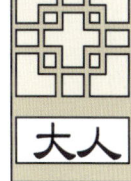

문에서 중요한 것은 한자와 무늬이다. 정답은 **6번 문**이다.
무늬가 다른 것: 1, 2, 7, 8, 10, 11, 12, 13, 15
한자가 다른 것: 2, 3, 4, 5, 7, 9, 11, 12, 14, 16
大(큰 대), 太(클 태), 犬(개 견)
人(사람 인), 入(들어올 입)

과학의 원리를 알면 쉽게 풀 수 있는 문제이다. 탁구공이 물에 뜬다는 사실을 이용해 구멍 속에 물을 부으면 탁구공을 쉽게 빼낼 수 있다.

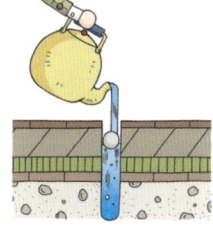

미로를 따라가면서 열쇠 꾸러미를 찾고 다시 보물 상자 쪽으로 가야 한다. 정답은 오른쪽 그림과 같다.

열개의 열쇠를 자세히 보라! 정답은 **4번 열쇠**이다.

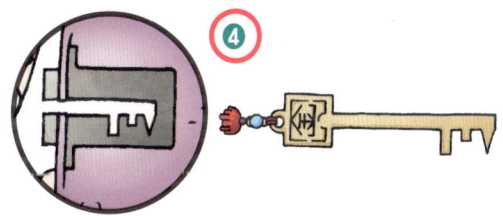

도나카와 안스네의 보물

썰렁홈즈는 여러 비밀 장치를 풀어 결국 보물 상자를 열었다. 그런데 보물 상자 안에는 금괴는커녕 사진 한 장만 달랑 들어 있었다. 그 사진은 아버지 도나카와 안스네와 아들 도나카와 하지마가 어느 고아원에 가서 아이들과 즐겁게 뛰어노는 모습을 찍은 것이었다. 사진 뒤에는 이렇게 쓰여 있었다.

"비밀이었지만 나 역시 고아였다. 내가 모았던 재산은 이 고아원에 모두 기증한다. 그리고 내 아들 도나카와 하지마에게는 이 비밀의 집을 유산으로 남긴다. 내 인생의 가장 큰 보물은 사랑이다."

사건 ④ 썰렁홈즈의 괴상망측 마술

첫 번째 마술

생각해 보면 아주 간단한 계산으로 알 수 있는 마술이다. 오른손에 든 동전 곱하기 7, 왼손에 든 동전 곱하기 3이므로 한번 식으로 정리해 보자. 오른손에 든 동전을 X, 왼손에 든 동전을 Y, 계산되어 나온 수를 Z라고 하면, $(X \times 7)+(Y \times 3)=Z$라는 식이 만들어진다. 만약 X가 100원짜리라면 당연히 Y는 50원짜리이고, Z는 850이 된다. 반대로 X가 50원짜리이고, Y가 100원짜리라면 Z는 650이다. 그래서 계산한 값이 700보다 크면 100원짜리가 오른손에, 700보다 작다면 50원짜리가 오른손에 들어 있는 것이다.

두 번째 마술

양쪽으로 종이를 당기면 클립은 서로 가운데로 모이게 된다. 서로 모인 두 개의 클립은 종이가 펴지면서 클립이 벌어지게 되고 가운데에서 벌어진 클립이 서로 맞물려 연결되는 것이다.

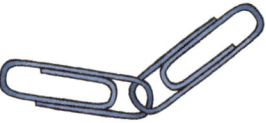

세 번째 마술

처음 생각한 수 : X
2를 더한 수 : $X+2$
2를 곱한 수 : $(X+2) \times 2 = 2X+4$
2를 더한 수 : $(2X+4)+2 = 2X+6 = 2(X+3)$
2를 나눈 수 : $2(X+3) \div 2 = X+3$
처음 생각한 수를 뺀 수 : $X+3-X=3$

★ 처음의 수인 X의 값과 관계없이 항상 3이 나온다.

네 번째 마술

그림처럼 네 개의 성냥개비를 움직이면 큰 정사각형 한 개와 작은 정사각형 두 개가 만들어진다.

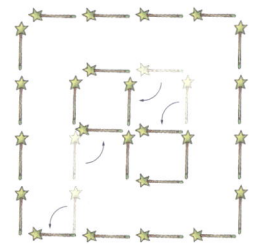

외계인 스콜피오스의 음모

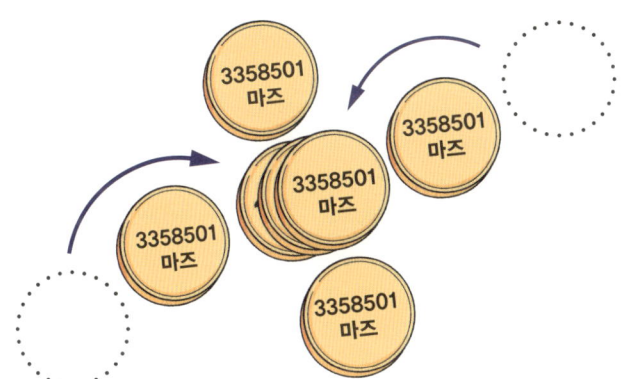

 첫 번째 상자!

양 끝에 있는 동전을 가운데 동전 위로 올리면 된다. 그러면 가로와 세로의 모든 합은 20151006이다. 즉 외계인들이 말하는 시간은 2015년 10월 6일이다.

 **두 번째 상자!**

카드의 암호는 아주 간단하다. 앞을 잘 보면 답이 있다. 암호는 각 행의 첫 음절이었다. 각각을 연결하면 '지구 대기권'이 된다. 외계인들은 지구 대기권의 무엇을 노린 것이다.

> 지금 우리는 화성을 공격해서 손에 넣으려고 한다. 지구 다음으로 우리가 찾을 수 있는 곳은 바로 화성이다. 대신 그 전에 우리는 해야 할 일이 있다. 그들이 우리를 방해하기 전에 우린 해야 한다. 우리는 우주 최고의 생명체로 그럴 권리가 있다. 우린 스콜피오스다.

 세 번째 상자!

썰렁홈즈의 명석한(?) 두뇌로 외계인이 낸 가로세로 퍼즐을 모두 풀었다. 그랬더니 퍼즐에 있는 색깔이 다른 네모 칸에는 '산'과 '소'가 나타났다. 외계인이 말했던 것은 바로 '산소'를 뜻한다.

 **네 번째 상자!**

아마 가장 풀기 쉬운 문제가 아니었을까? 긱각의 내용은 우리기 살고 있는 '지구'를 말하는 것이다.

산타 마을의 루돌프 콘테스트

문제 1 의 정답

전선을 잘 확인해 보자. 전구는 직렬 또는 병렬로 연결되어 일부분이 끊어져 있어도 전기가 모두 통한다. 하지만 트리 **가운데에 있는 전구**는 필라멘트가 끊어져 불이 들어오지 않는다. 문제에 함정이 있었다.

문제 2 의 정답

발자국을 잘 보면 한 발자국만 굴뚝을 나와 걸어간 것으로 되어 있다. 나머지 발자국은 모두 굴뚝으로 들어간 발자국이다. **정답은 4번**

문제 3 의 정답

식을 이용해서 풀거나 직접 셈을 해서 푸는 방법이 있다. 50원짜리 선물이 일곱 개이므로 100원짜리와 10원짜리 선물은 38개, 합은 650원이다. 100원짜리 선물이 한 개면 10원짜리 선물은 55개가 되어야 하므로 답이 아니다. 이렇게 하나씩 생각해 보면 100원짜리 선물이 세 개임을 알 수 있다.

식을 이용하는 방법

100원짜리 선물을 X, 10원 짜리 선물을 Y라고 할 때
- X+Y=38
- 100X+10Y=650
- Y=38−X
- 100X+10(38−X)=650
- X=3

 의 정답

문제에서 말한 양말을 따라서 한 개씩 확인해 보자. '옆으로'라는 말은 왼쪽이 될 수도 있고, 오른쪽이 될 수도 있다. 따라서 넷째, 둘째 아이의 양말은 두 가지 경우가 된다. 하지만 관계없이 일곱째 아이의 양말은 **정가운데에 있는 양말**이 된다.

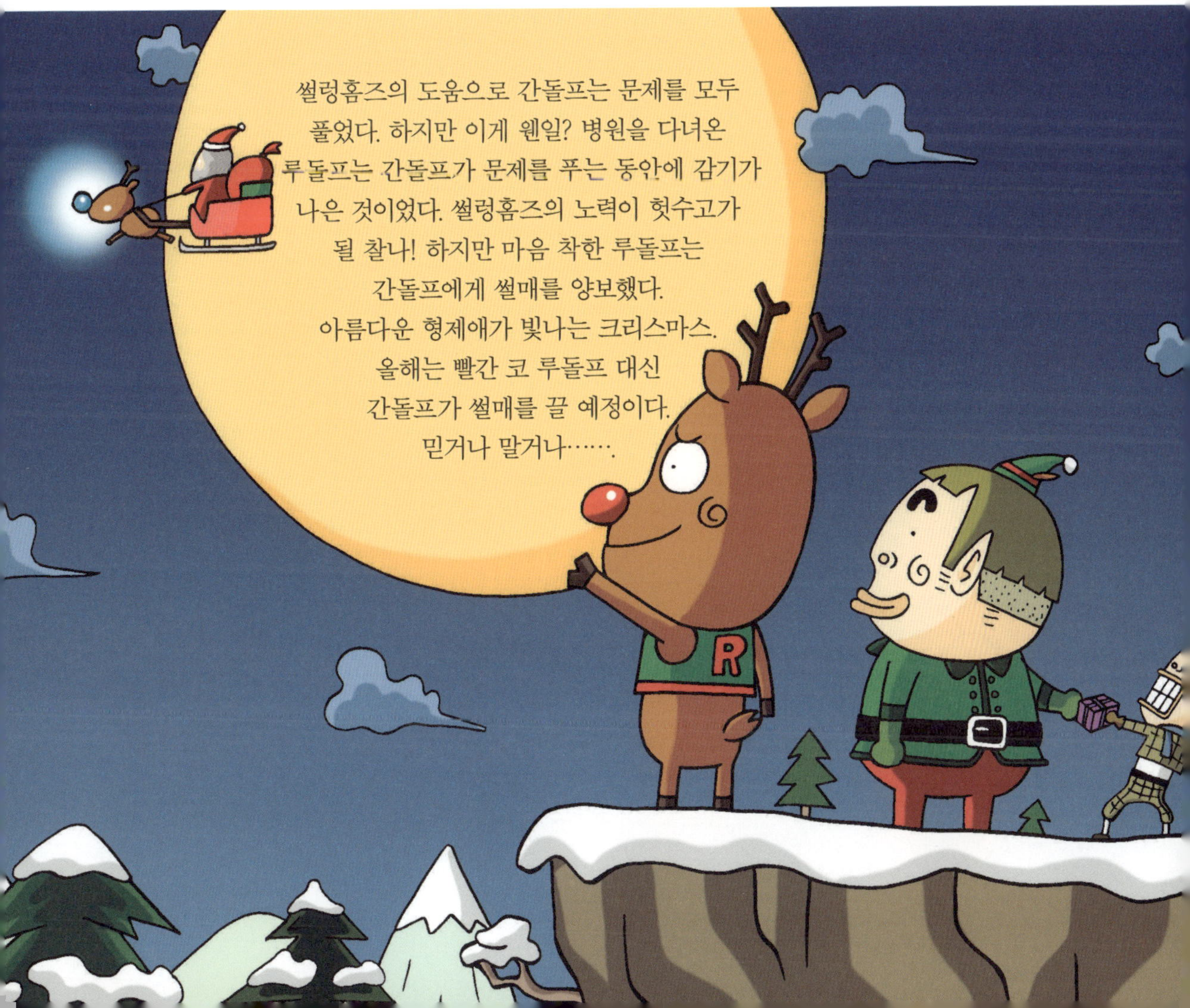

썰렁홈즈의 도움으로 간돌프는 문제를 모두 풀었다. 하지만 이게 웬일? 병원을 다녀온 루돌프는 간돌프가 문제를 푸는 동안에 감기가 나은 것이었다. 썰렁홈즈의 노력이 헛수고가 될 찰나! 하지만 마음 착한 루돌프는 간돌프에게 썰매를 양보했다. 아름다운 형제애가 빛나는 크리스마스. 올해는 빨간 코 루돌프 대신 간돌프가 썰매를 끌 예정이다. 믿거나 말거나……

사건 1 — 잃어버린… 아무도모르게를 찾아서

첫 번째 편지의 정답

영훈의 집에는 굴렁쇠가 있었다. 굴렁쇠가 굴러간 거리는 굴렁쇠 둘레의 길이와 같다. 원 둘레의 길이를 구하는 공식은 '지름×π(원주율)'로 원의 지름과 둘레의 길이는 비례한다. 세 번째 굴렁쇠는 두 번째 굴렁쇠보다 지름이 네 배 길다. 따라서 원의 둘레, 즉 굴렁쇠가 굴러간 거리 역시 네 배로 길다. 따라서 두 번째 굴렁쇠가 28번 굴러갈 동안 세 번째 굴렁쇠는 일곱 번 구르게 된다.

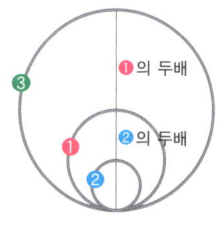

두 번째 편지의 정답

윷놀이에서는 윷이나 모가 나오거나 다른 사람의 말을 잡으면 한 번 더 던진다는 것에 주의해야 한다. 순서대로 말을 놓아 보면 마지막에 영은이 이겼음을 알 수 있다.

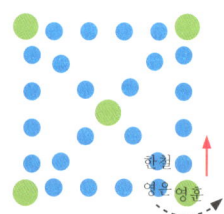

세 번째 편지의 정답

세 번째 문제는 관찰력이 필요한 문제이다. 끊어진 줄을 따라가 보자. 한철의 연이 끊어져 있다.

홍석 영훈 한철 영은

네 번째 편지의 정답

한철이의 집에 있던 도형은 칠교 놀이에 관한 문제다. 일곱 개의 조각은 하나의 정사각형으로 짜 맞출 수 있다. 가장 큰 삼각형의 밑변은 사각형의 한 변의 길이와 같다. 문제에서 삼각형 한 변의 길이가 20cm라고 했으므로 사각형의 넓이는 20cm×20cm=400cm^{2}이다. 정답은 3번. 범인은 홍석의 집에 있다!

다시 찾은 아무도 모르게

어떻게 된 일일까? 범인은 편지를 보낸 홍석이의 집에 있다는 것이었다. "푸하하핫! 우리 홍석이와 썰렁홈즈가 문제를 잘 풀었구나!" 홍석이 집에 계신 훈장 선생님이 웃으며 반겨 주셨다. 이유인즉 전통 놀이에 대해 관심을 잃어 가는 우리 친구들에게 전통 놀이를 알려 주고 싶어서 일부러 사건을 만든 것이라고…….

'아무도모르게'보다 소중한 보물은 우리의 것을 잃지 않는 그 마음이 아닐까?

돌아온 외계인 스콜피오스, 지구를 지켜라!

첫 번째 문제의 정답

신호등은 홀수 번째가 먼저 켜지고 그 다음 짝수 번째가 켜진다. 먼저 노란 신호가 켜져 있으므로 순서는 **노→파→보→주→초→남→빨→노→파→보……**의 순서로 켜진다. 노란 신호가 켜진 지 2분이 지났으므로 36분 후에는 열두 번째 신호인 남색 신호가 켜지게 된다.

두 번째 문제의 정답

문제에서처럼 계이름 도, 레, 미, 파, 솔, 라, 시, 도는 빨강, 노랑, 주황, 초록, 흰색, 파랑, 검정, 남색이다. 문제에 나온 색깔을 계이름으로 바꾸면 '**솔솔라라 솔솔미 솔솔미미레 솔솔라라 솔솔미 솔미레미도**'가 된다. 정답은 '**학교 종**'이다.

세 번째 문제의 정답

노란색 카드가 30이므로 초록은 7. 초록이 70이면, 파랑은 80이 된다. 카드가 9라고 했으므로 남색 카드는 5가 된다. 따라서 주황은 60이 되고, 빨강은 2가 된다. 정답은 2.

- 빨강+주황=8
- 노랑+초록=10
- 파랑+남색+보라=22
- 파랑+초록=15
- 주황+남색=11

네 번째 문제의 정답

꼬여진 전선을 잘 관찰해야 하는 문제이다. 주의할 점은 전선의 색깔이 중간에 바뀌어 있다는 것이다. 스위치와 폭탄이 연결되어 있는 전선을 잘라야 폭탄을 제거할 수 있다. 정답은 초록색 스위치와 보라색 스위치이다.

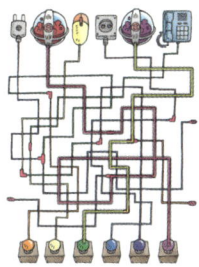

지구를 지킨 썰렁홈즈

뛰어난(?) 신체 조건으로 선발된 썰렁홈즈와 여러분 덕분에 지구는 무사할 수 있었다. 그런데 어찌된 일인가? 지구 침략을 꿈꿔 왔던 스콜피오스들이 모두 배꼽이 빠지도록 웃고 있는 것이 아닌가? 사실 웃음 폭탄인 '새까리쁘다무시하므우따가주그리'가 스콜피오스의 우주선 안에서 터져 버렸던 것이다. 그 후로 스콜피오스는 우주에서 가장 웃기는 외계인이 되었다는 소문이 떠돌고 있다. 믿거나 말거나……

비행기 테러리스트 '뱅기믄 다자바'

정답

1번 쪽지에서 3번 쪽지의 말이 모두 맞는다고 했는데, 3번 쪽지에서는 비행기 연료가 많다고 했으니까 1번 쪽지는 거짓이다. 3번 쪽지에서 1, 2번 쪽지가 모두 거짓이라 했는데, 1번 쪽지에서 3번 쪽지의 말이 모두 맞다고 했으므로, 3번 쪽지 역시 거짓이다. 4번 쪽지는 말이 안 된다. 따라서 답은 2번 쪽지이다.

정답

마방진에 관한 문제로 가로와 세로의 합은 모두 15이다. 따라서 마지막 칸에 들어갈 소화기의 수는 네 개다.

6	1	8
7	5	3
2	9	4

정답

곤충의 다리 수 여섯 개, 판다의 한쪽 앞발의 발가락 수 여섯 개, 무궁화의 꽃잎 수 다섯 장, 파리의 날개 수는 두개, 세가락갈매기의 양발 발가락 수는 여섯 개이므로 정답은 6, 6, 5, 2, 6이다.

정답

어지럽게 놓여 있지만 잘 관찰하면 낙하산을 찾을 수 있다.

추락한 뱅기믄 다자바

　썰렁홈즈의 뛰어난 활약으로 비행기를 탄 승객들 모두 무사할 수 있었다. 옛말에 '하늘은 스스로 나쁜 짓 하는 자를 벌한다(?).'라는 말이 있던가?

　뱅기믄 다잡아의 낙하산이 떨어진 곳은 100년 동안 아무도 탈출하지 못했다는 '자핀너믄 몬나가네' 교도소였다. 퍼즐탐정 썰렁홈즈는 휴가를 그렇게 보냈다.

동물 탐험가 어둥굴차자스키의 실종

첫 번째 문제

물컵은 하나의 볼록 렌즈와 같다. 볼록 렌즈를 통해 물체를 보면 빛이 굴절되어 정상적으로 보이지 않는다. 특히 물체가 볼록 렌즈에서 멀어질수록 물체는 거꾸로 보인다. 따라서 인형이 반대에서 들어오는 것처럼 보인다. 실제로 물컵을 놓고 연필 따위로 실험을 해 보자. 물컵에서 가까이, 멀리 대보면서 연필이 어떻게 보이는지 알아보자.

두 번째 문제

거울에 비친 모습을 잘 살펴보자. ○ 부분이 잘못된 곳이다.

세 번째 문제

끝검은말매미충의 몸 색깔은 노랑, 벌깨덩굴의 꽃 색깔은 보라, 강옥에 속하는 7월 탄생석은 루비로 빨강, 청둥오리 수컷의 머리색은 초록이다.
따라시 파랑색의 수준 동굴로 들어가야 한다.

네 번째 문제

세 번째 망치에 새겨진 수염 모양이 잘못되어 있다. 정답은 세 번째 망치 아래의 ❸번 문으로 들어가야 한다.

찾아낸 어둥굴차자스키

우여곡절 끝에 썰렁홈즈는 살아남았다. 그런데 어떻게 된 일인가? 마지막 동굴을 통과하고 나니 화려한 건물이 하나 나타나는 게 아닌가? 사실 그 동굴은 고대부터 내려오던 황제들의 휴식처였던 것이다. 어둥굴차자스키는 그곳에서 황제 같은 삶을 살고 있었던 것이다. 믿거나 말거나……

그림자 마왕 '네가머래도 다비처'

문제 1의 답

겹쳐진 그림자를 잘 살펴보자. 문제에는 네 번째 사람의 그림자가 빠져 있다. 정답은 ❹번이다.

문제 2의 답

그림자의 모양들이 비슷해서 조금은 헷갈리지만 작은 부분들을 꼼꼼히 관찰해 보면 정답을 찾아낼 수 있다.

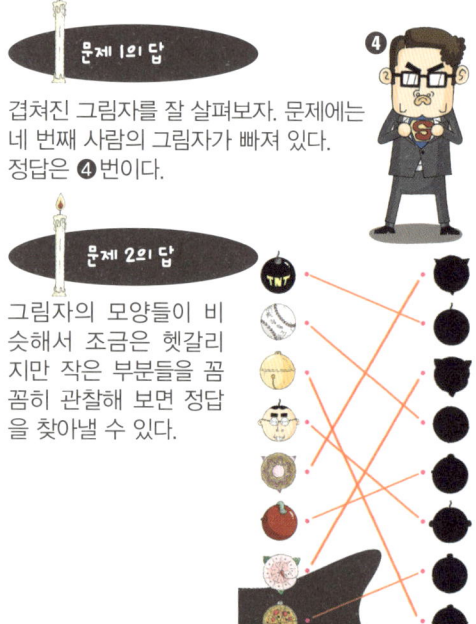

문제 3의 답

자기가 직접 손으로 모양을 만들어 보자. 정답은 오른쪽 그림과 같다.

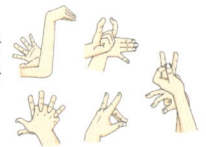

문제 4의 답

빛의 직진에 관한 문제이다. 그림자의 크기는 물체의 크기와 위치, 촛불의 크기와 위치에 따라 달라진다. 그림과 같이 ❶번 외계인의 크기는 80cm, ❷번 외계인은 1m, ❸번 외계인은 80cm, ❹번 외계인은 1m 20cm로 ❹번 외계인이 가장 크다. 그림에서 한 칸의 크기는 20cm이다.

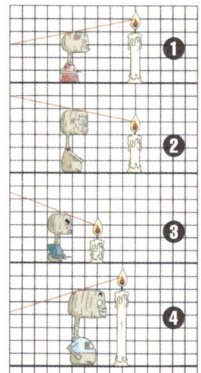

그림자 마왕 뒤의 또 다른 검은 그림자

문제를 모두 푼 썰렁홈즈는 내친 김에 그림자 마왕 '네가머래도 다비처'의 정체까지 밝혀냈다. 지구 정복을 꿈꾸던 그림자 마왕은 다름 아닌 아홉 살 꼬마였다. 그림자 놀이에 푹 빠져서 장난을 치고 싶었다나?

그런데 어떻게 그림자를 마음대로 조정했지? 사실 그림자 마왕의 뒤에는 과학을 나쁜 쪽으로 사용하려는 또 다른 검은 조직이 있었다. 점점 사건은 커져만 가고……. 썰렁홈즈의 어깨는 무거워만 간다.

검은 조직 '까마케롬 다만드러'의 음모

첫 번째 문제의 답

빛의 직진에 관한 문제이다. 촛불과 양초, 그림자가 모두 일직선에 있어야 한다. ❻번 양초가 정답이다.

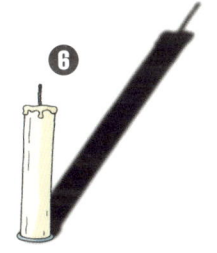

두 번째 문제의 답

오전 11시 30분부터 다음날 새벽 2시 30분까지는 총 열다섯 시간, 양초는 모두 열 번을 움직이게 된다. 정답은 ❸번이다.

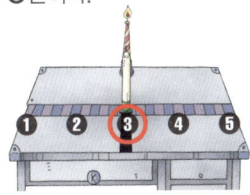

세 번째 문제의 답

방향을 돌려서 홈즈의 모습과 비교해 보자. 정답은 ❼번이다.

네 번째 문제의 답

이번 문제 역시 관찰력에 관한 문제이다. 사람과 그림자의 특징을 잘 살펴보자. ❺번 사람의 그림자가 없다.

달아난 여섯 명의 과학자

썰렁홈즈와 여러분들의 맹활약으로 검은 조직 '까마케롬 다만드러'의 정체가 모두 밝혀졌다. 과학의 힘으로 세상을 정복하려는 나쁜 생각을 하고 있던 여섯 명의 과학자는 아직도 잘못을 뉘우치지 않고 특수 비행선을 타고 사라져 버렸다.

"언젠가 다시 만날 것이다! 썰렁홈즈, 그날까지 기다려라~!"

사하라 사막 지킴이 '모래아리 까끄르'

첫 번째 방해 해결

아주 간단한 문제이다. 마개를 병 안으로 힘껏 밀어 넣는다. 그러면 간단히 휘발유를 빼낼 수 있다.

두 번째 방해 해결

두 모래시계를 작동시키고 7분짜리 모래시계가 다 되면, 그 때부터 물을 뜨기 시작한다. 12분짜리 모래시계가 다 되면, 다시 한번 뒤집어 12분짜리 모래시계가 다 될 때까지 물을 뜬다.

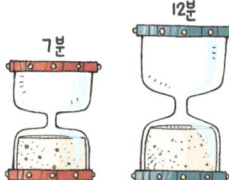

• (12-7)+12=17

세 번째 방해 해결

정답은 ❸번.
낙타의 눈꺼풀은 이중으로 되어 있다.

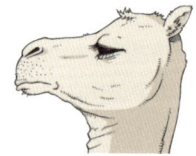

네 번째 방해 해결

2m를 세 번 뛰는 낙타와 3m를 두 번 뛰는 낙타의 거리는 같다. 하지만 100m 앞의 선인장을 돌아서 가려면 3m를 뛰는 낙타는 한 번을 더 뛰어야 한다. 따라서 2m를 세 번 뛰는 낙타가 더 빠르다.

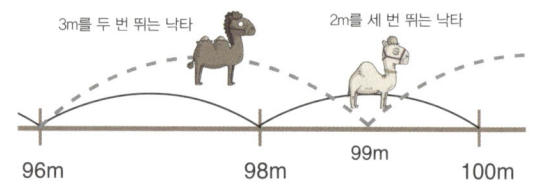

눈물의 황금 트로피

썰렁홈즈는 모든 역경을 이겨 내고 사막 횡단 대회에서 우승을 했다. 우승을 했다는 기쁨과 자신과의 싸움에서 이겼다는 생각에 감동의 눈물이 흘러내렸다. 게다가 황금 트로피까지……. 사막 지킴이인 모래아리 까끄르 역시 감동의 눈물을 흘렸다.

다시 생각해 보면 모래아리 까끄르가 오아시스의 물을 시간 안에만 뜰 수 있게 한 것, 낙타의 특성을 알고 고르게 한 것, 모두가 자연을 사랑하고 보호하려는 마음에서 문제를 낸

것이었다. 그리고 결국 썰렁홈즈를 도와 우승을 한 것이었다. 자연 사랑과 감동이 가득한 사막 횡단 이야기……. 사막의 석양은 그렇게 아름답게 빛났다. 썰렁홈즈가 받은 황금 트로피와 함께.

아인슈타인 뇌에 담긴 비밀

첫 번째 비밀의 답

미로를 따라가 보자. 미로의 끝에는 'E'라는 문자가 나타나 있다.

두 번째 비밀의 답

이런 숫자의 나열을 피보나치 수열이라고 한다. 앞의 두 수를 더해서 다음 수로 이어지는 수의 나열로 0+1=1, 1+1=2, 1+2=3, 2+3=5, 3+5=8, 5+8=13, …… 따라서 비워 둔 자리의 수는 2이다.

● 0, 1, 1, 2, 3, 5, 8, 13….

세 번째 비밀의 답

비밀 편지를 자세히 살펴보자. 전체의 모습에서 알파벳 'M'을 찾을 수 있다.

네 번째 비밀의 답

아인슈타인의 뇌는 코스터 사과주(Costa Cider)라고 쓰인 곳에 보관되어 있었다. 앞 글자는 'C'다. 첫 번째 문제 미로가 뜻하는 것은 'E', 두 번째 문제의 답은 '2', 세 번째 문제의 답은 'M', 네 번째 문제에서 나온 첫 글자는 'C'다. 모든 것을 조합해 보자. 아인슈타인의 유명한 공식인 $E=MC^2$을 만들어 낼 수 있다.

꿈꾸는 아인슈타인….

이럴 수가……. 아인슈타인의 뇌 속에는 이미 $E=MC^2$이라는 공식이 들어 있었다고? 이런 엄청난 사실을 알리기 위해 썰렁홈즈는 신문사로 달려갔다. 너무 열심히 달려가다가 그만 돌부리에 걸려 넘어지고 말았다. 엥? 그런데 깜짝 놀라 깨어 보니 썰렁홈즈의 방이 아닌가? 그럼 이 모든 것이 꿈이었단 말인가? 썰렁홈즈는 아인슈타인의 생애를 담은 만화를 보고 있다가 그만 잠이 들어 버렸던 것이었다. 으……, 그럼 뇌에 담긴 모든 비밀도 꿈이었단 말인가…….

실종된 사진가 마구마구 치코토치코

첫 번째 사진의 답

인화된 사진을 잘 관찰해 보자. ❶번은 비행기, ❷번은 야자수, ❸번은 집, ❹번은 글자, ❺번 공이 각각 없거나 다르다. 정답은 ❻번이다.

두 번째 사진의 답

1에서 9까지의 숫자 중에서 더해서 합이 11이 되도록 한 장 한 장 찍은 사진이다. 정답은 ❷번이다.

세 번째 사진의 답

관찰력 문제! 사진기가 놓인 위치에서 사진에 찍힌 배경을 잘 관찰해 보면 맞는 사진을 찾을 수 있다. 정답은 ❺번이다.

네 번째 사진의 답

앞에서 나온 각각의 사진들과 마지막에 찾아낸 사진을 순서대로 이어 보자. '제주도'라는 말이 나타난다. 사진가 치코토치코는 지금 제주도에 있는 것이다.

친구의 우정은 영원히

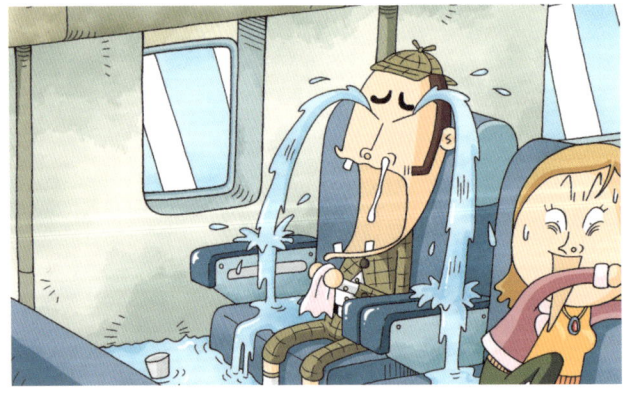

절친한 친구 사이였던 치코토치코는 사건 해결에만 너무 몰두하고 있는 썰렁홈즈에게 휴식 시간을 주고 싶었던 것이다. 그래서 옛날 함께 여행했던 '제주도'로 먼저 떠나 기다리고 있었던 것이다. 썰렁홈즈는 속 깊은 친구의 마음에 뜨거운 눈물을 쏟아 내며 제주도로 향했다.

"친구야, 우리의 우정은 변치 않을 거야."

제주도로 향하는 비행기 뒤로는 아름다운 노을이 물들고 있었다. 썰렁홈즈의 눈에도 우정으로 가득한 노을이 아름답게 물들어 있었다.

안 싸우면 못 사는 나라, 싸울랜드

첫 번째 싸움 해결

피가나 공주는 나몰라 공주에게 10,000원을 빌려 주고, 또 2,300원을 주었다. 그리고 또 시침뗄라 공주에게 12,300원을 주었다. 물론 실제로 나간 돈을 따지면 24,600원이지만 12,300원짜리 옷을 받았기 때문에 손해 본 것은 피가나 공주에게 준 12,300원이다.

두 번째 싸움 해결

통에 그려진 것과 담겨 있는 과일이 전혀 다르다는 것이 힌트! 바나나와 키위가 섞여 있는 통의 뚜껑을 열어 보자. 통의 그림과 실제 과일이 각각 다르므로 바나나와 키위가 함께 그려진 통에는 바나나 또는 키위 둘 중의 하나만 담겨 있을 것이다. 만약 키위가 나왔다면 바나나 그림의 통에는 바나나와 키위가 섞여 있고, 키위 그림의 통에는 바나나만 있음을 알 수 있다.

세 번째 싸움 해결

정답은 1, 2, 3. 1+2+3=6이고, 1×2×3=6이다.

네 번째 싸움 해결

각각에 놓인 줄의 신발 무게가 같다고 했으므로 첫 번째 줄(빨강+빨강+파랑+파랑+노랑)=세 번째 줄(노랑+파랑+파랑+파랑+빨강+파랑) 따라서 빨강=파랑+파랑. 첫 번째 줄(빨강+빨강+파랑+파랑+노랑)=두 번째 줄(노랑+노랑+빨강) 따라서 빨강+파랑+파랑=노랑, 결국 '노랑=파랑+파랑+파랑+파랑' 이 된다. 각 줄의 구두를 파란 유리 구두로 바꾸어 보면 파란 유리 구두 열 켤레와 같다. 맨 위 신발장의 구두를 파란 유리 구두로 바꾸어 보면 파란 유리 구두 여덟 켤레가 나온다. 결국 파란 유리 구두 두 개에 해당하는 빨간색 유리 구두가 없어진 것이다.

싸울랜드는 싫어~!

문제를 모두 해결한 썰렁홈즈가 드디어 총각 신세를 벗어나 결혼을 하게 되는 것인가? 그것도 공주를 신부로? 그런데 문제를 해결한 썰렁홈즈는 그냥 집으로 돌아가 버렸다. 공주에게 보내는 편지 한 장만 남긴 채…….

"제 임무를 다 하고 떠납니다. 결혼은 진정 사랑하는 사람과 하는 것이지요. 문제를 해결했다고 잘 알지도 못하는 저와 결혼을 한다는 것은 어리석은 일입니다. 부디 좋은 사람 만나서 행복하게 잘 사시오. 싸우지 말고…….

– 썰렁홈즈 드림"

'지페로 코푸러스키'의 부자 되는 비결

첫 번째 문제의 정답

각 퀴즈의 정답은 1번은 '복어', 2번은 '권투', 3번은 '당뇨', 4번은 '첨가'이다. 정답의 첫 글자를 합치면 정답은 '복권당첨'이 된다.

두 번째 문제의 정답

힌트를 이용하면 풀 수 있는 글자 조합 퀴즈이다. 숫자들은 각각 자음과 모음의 순서를 나타낸다. 파란색 숫자 8은 'ㅇ', 3은 'ㄷ'의 순서고 빨간 색 숫자 1은 'ㅏ', 3은 'ㅓ', 10은 'ㅣ'의 순서이다.

세 번째 문제의 정답

네 사람의 말을 잘 살펴보자. 첫 번째 사람 "한 근에 천 원……", 두 번째 사람 "면이 먹음직스럽게……", 세 번째 사람 "성에는 아무나……", 네 번째 사람 "실이 좋아서 그런지……". 찾아낸 단어를 합치면 '근면성실'이 나온다. 정답은 '근면성실'이다.

네 번째 문제의 정답

편견을 깨면 아주 쉬운 문제이다. 세 가지 조건에 해당하는 날은 작년 12월 31일이다. 썰렁홈즈가 저그메우스의 저택에 도착한 날짜가 1월 1일이었던 것이다.

썰렁홈즈 저금통장 만들다!

드디어 마지막 퀴즈의 정답을 풀었다. 썰렁홈즈는 '부자가 되면 무엇을 살까.'라는 행복한 상상을 하며 저그메우스의 금고를 열었다. 짜자잔~! 눈부신 광채와 함께 드러난 종이에는 이런 글이 적혀 있었.

'부자가 되는 궁극의 비결은 저축!'

아……! 썰렁홈즈는 실망할 법도 했지만 저그메우스가 왜 세계 최고의 부자가 되었는지 이해할 수 있었다. 그리고 한국으로 가는 비행기에 몸을 실으며 이렇게 다짐하는 것이었다.

"집에 가자마자 당장 저금통장부터 만들어야지~!"

골탕 먹는 '꿈자리네이션'에서의 모험

악몽 1의 정답

큰수-1=작은수+1 이므로 큰수=작은수+2
큰수+1=2×(작은수-1)이므로 큰수=2×작은수-3
작은수+2=2×작은수-3
작은수=2×작은수-5
따라서 작은수는 5이고, 큰수는 7이다.
결국 못난이 형제 중 형의 나이는 일곱 살, 동생의 나이는 다섯 살이다.

악몽 2의 정답

난센스 문제. 경찰서로 온 못난이 형제의 보호자는 아버지가 아니라 '어머니'다.

악몽 3의 정답

'동생>할아버지, 썰렁홈즈>경찰관, 할아버지=형+썰렁홈즈'이므로 제시된 몸무게에서 '할아버지=형+썰렁홈즈'라는 조건에 맞는 몸무게는 120kg, 90kg, 30kg뿐이다. 따라서 할아버지의 몸무게는 120kg이다. 조건에 따라 무거운 순서대로 나열하면 동생, 할아버지, (형 또는 썰렁홈즈), 경찰관이다. '썰렁홈즈>경찰관'이라 했고, 할아버지의 몸무게가 120kg이므로 썰렁홈즈의 몸무게는 90kg이 된다.

악몽 4의 정답

1등 당첨금=전용 비행기×2, 전용 비행기=스포츠카×2, 스포츠카=옷×2, 옷=잔돈×2, 잔돈=3,277,800원이므로 옷은 6,555,600원, 스포츠카는 13,111,200원, 전용 비행기는 26,222,400원이다. 따라서 복권 당첨금은 52,444,800원이 된다.

악몽은 계속된다

썰렁홈즈가 문제를 풀면서 악몽에서 깨어나려고 했지만 마지막 악몽은 정말 깨어나기 힘든 악몽이었다. 썰렁홈즈는 마지막 문제를 풀었지만 지금도 눈을 감고 양을 세고 있다. 사천구백사십사만 팔천구백삼, 사천구백사 사만 팔천구백사, 사천구백사십사만 팔천구백오, 사천구백사십사만 팔천구백육…… 썰렁홈즈는 아직도 꿈속에서 양을 세면서 깨어나지 못하고 있다. 불쌍한 썰렁홈즈……